習近平政権と今後の日中関係

日本の対応が利用されている現実

Yoshimitsu Kusaka
久佐賀 義光

花伝社

習近平政権と今後の日中関係——日本の対応が利用されている現実◆目次

序章　5
第一章　大東亜戦争の意義と責任者　13
第二章　日本とドイツの戦後処理の差と歴史認識　27
第三章　日露戦争と大東亜戦争の大きな違い　41
第四章　日本はなぜ終戦を早めることが出来なかったのか　51
第五章　日中関係悪化の元凶は江沢民の「愛国運動」　61
——中国共産党に利用される日本首相の靖国神社参拝
資料1　「中国少女との短い会話——中国との草の根の友好促進を」　75
資料2　抗日戦争勝利六〇周年記念日における胡錦濤国家主席の演説の要約　77

第六章　靖国神社の設立経緯と問題点　85
——天皇陛下が参拝される新慰霊施設を建設すべき
第七章　日本には戦争責任者が不在という不思議　95
第八章　日本政府は沖縄に配慮する責任がある　105
——尖閣諸島問題を利用する中国
資料3　沖縄ならびに在日米軍に関する資料　115
資料4　尖閣諸島問題の現状への正しい理解と認識が必要　117
第九章　習近平政権誕生に小泉首相が多大な貢献　125
第十章　習近平の第一期政権が狙った目標とその成果　133

第十一章　習近平第二期政権の成立と目指す目標　147
資料5　中国共産党第十九期一中全会で決定された政治局員二五名　154
第十二章　習近平政権の今後の対日方針と日本のなすべき対応　157
終章　165

序章

近年、二つのことが気にかかった。一つは戦後七〇年を経た二〇一五年八月二六日に中国の光明日報が、中国共産党の広報機関である新華社の配信で「昭和天皇には中国侵略戦争の主な責任があり、その後継者である今上天皇は先の大戦について謝罪すべき」と報道したことであり、もう一つは二〇一六年五月にオバマ大統領が広島を訪問された際に、日本のメディアが「一部の日本人が、オバマ大統領は日本への原爆投下につき謝罪すべきと述べている」と報道したことだ。

日本は中国から再三にわたって「正しい歴史認識をすべき」と言われている。戦後七〇年以上を経た現在、なぜ中国は今になって「今上天皇の謝罪を求める」のか、そして現在の日本人がアメリカの原爆投下についてかかる見解を持つのは正しいのか否かとの点について、我々日本人は当時の日本の実情を理解して、素直に考えるべき時期ではなかろうか。

第二次世界大戦（日本はこれをシナ事変、大東亜戦争、そして最後は太平洋戦争と称していた）で実際に戦争および敗戦後の厳しい状況を体験し、その実情を正しく認識している日本国民は、終戦時に小学校へ上がる前後の世代までと思うので、現在七七歳、即ち喜寿以上の方と思われる。

筆者は終戦時に旧制中学の一年生で軍事教練と称する授業があった。当時中学校が保有する武器は「三八式歩兵銃」で数も少なく、陸軍中尉の教官から本土決戦に備え、アメリカ軍を九十九里浜で迎え撃つために竹槍を持って戦えと言われ、実際にその訓練をさせられた。戦後に我々がニュースを介して初めて承知した戦争の現実とは、アメリカ軍が硫黄島や沖縄に上陸した際に、まず猛烈な艦砲射撃で上陸地点と周辺の町を徹底的に破壊し、その後に多数の大型戦車が続々と上陸して周辺都市をこれまた徹底的に破壊したというものだった。その後にやっと重装備の米軍兵士が上陸をしており、とても竹槍などで戦える相手ではなかった。沖縄戦で軍部が当時の中学生に命じたのは、爆雷を持って塹壕に身を隠し、上陸してきた戦車の下に飛び込んで爆雷を破裂させるという、一五〜一七歳の中学生に対して死ぬことを前提として命令した戦法であった。

当時の日本の戦争指導者は、最終的に本土四島で戦争をする「本土決戦」を行って米軍に徹底的損害を与え、有利な条件で戦争を終わらせると称しており、そのような全く不可能な戦争を日本の一般国民に強いていたことを、ぜひ現在の日本の国民に知ってもらいたいと願っている。ましてや戦後に生まれた方は、戦中戦後に我々が実際に経験した「飢え」という厳しい苦しみなど全くご存知ないのではと思う。

戦後七〇年を経た現在、日本では第二次世界大戦について広島と長崎への原爆投下しか話題に上らないが、実際に戦争、そして敗戦という厳しい時代を経験した者として、なぜ日本はあれだけ国民に犠牲を強いた忌まわしい戦争を起こしたのか、そしてあの戦争が実際に日本にとって正義ある戦争であったのかどうかの正しい認識をしていただきたいと願っている。

当時の戦争指導者が、本土決戦のために時間を稼ぐと称して沖縄での玉砕を命じ、その結果として、沖縄戦では軍人八万人とあわせ一二万人もの民間人が犠牲になった。軍部が称した「本土決戦」とは、沖縄戦のように日本の本土四島を焦土と化し、多数の民間人の犠牲を強いたものであった。これは単なる説明でしかないが、沖縄を含めた日本本土での戦争を回避すべく早期に終戦を決断していれば、沖縄での犠牲者はゼロであり、当然広島や長崎への原爆投下はなく、ソ連の参戦もなかったというのが実情である。

さらにあの戦争では、実際の戦闘で戦死された兵士のみならず、日本からの補給がないため、ソロモン諸島のガダルカナルやパプア・ニューギニア、そしてビルマのインパール作戦で餓死された兵士が多数いらっしゃる。また一般民間人についても、広島と長崎における原爆の被害者のみならず、満洲（現在の中国の東北三省）へのソ連軍の侵攻や米空軍の無差別爆撃により多数の民間人の被害者が出たこと、そして海外の日本移民が現地で多大な苦難を強いられたという事実があることも是非理解していただきたいと思う。

戦争指導者の主たる者は軍幹部であったが、彼らが沖縄を犠牲にしてまで「本土決戦」を強く主張した裏には、白旗を揚げて降伏するのは軍人の面子に関わるという、自分の立場のみに固執した自己本位的な身勝手な考えが底流にあり、あくまで戦争遂行を唱えたことがあったと思っている。また満洲でのソ連侵攻に際し、関東軍の幹部が民間人を置き去りにし、家族を連れてさっさと本土へ引き上げ、何の責任も問われず軍人恩給までもらっていたという事実もある。

要は、かかる軍幹部を含めた実際の戦争責任者が日本に存在している事実をぜひ認識していただきたい。筆者の家は兄が戦争から戻り、家族には犠牲者が出なかったが、東京空襲で家を焼かれ、戦後の財閥解体で父親が職を失ったため、大学は学費が安い国立を目指すとともに、入学前から自分で働いて大学を卒業したという、当時の日本国民として標準的な戦争被害者の一人であったので特にそう感じる次第である。

筆者は日中平和友好条約が締結された一九七八年秋に初めて中国本土を訪問し、その後四〇年近く日中貿易と中国への企業進出の業務に参与しており、日中関係の変化を目の当たりにしてきた。現在日中関係は非常に悪化しているが、その原因は江沢民総書記が発動した、日本の中国侵略戦争を大々的に宣伝した「愛国運動」によるものである。

筆者は、小学校入学時から軍国主義教育を受け、実際に米空軍の爆撃を体験し、さらに敗戦によって空しさを感じていた時代に戦前とは全く異なる民主主義教育を受け、そして戦後の経済復興を経験した世代として、戦中戦後の日本の実態とあわせ、非常に大きな変化を見せた日中関係の実情を書き残す必要があると思い、二〇一七年一〇月一八日から開催された第十九期中国共産党大会で、習近平第二期政権が成立した機会に、この本を著すこととした。

日本の方から見れば、過去に胡耀邦総書記との日中友好時代があり、あれだけ中国への経済協力をしたにもかかわらず、戦後七〇年も経た現在、かくも日中関係が悪化し、なぜ習近平政権が日本に対する強い「反日方針」を打ち出し、何を以って日本が正しい歴史認識をしていないと責めるのか、不思議に感じる方も多いと思う。日本人には日本の立場からの見方があり、中国の言い分など無視してよいとの考えがあるかもしれないが、歴史認識については、中国側にも我々が納得できる理由もあり、日中関係の悪化と歴史認識について、中国の立場も含めて、実情をお伝えしたいと思う。

なお日本国民の中に、日本の立場からの見方しかしていない方がおられるが、その一例として、「日本の平和憲法がノーベル平和賞を受賞するに値する」という運動がある。その運動自体に反対する気持ちは全くないが、日本の平和憲法がいかなる事情で成立したかを認識する必要性がある。

アメリカの某有力者が「日本の平和憲法は俺たちが作ってやったのだ」と発言したり、実際に日本の平和憲法は、戦後に日本の有識者が「民主憲法」の素案を作ったが、日本に占領軍として進駐した連合国最高司令官（SCAP）マッカーサーから不可として破棄され、総司令部（GHQ）が作った憲法を受け入れざるを得なかった事実が存在する。

平和憲法施行後に朝鮮戦争が起こり、日本をソ連、中国、北朝鮮の共産圏諸国に対する壁とする必要が生じ、SCAPは日本に軍備を持つよう命令した。この平和憲法下では、日本の再軍備など全く不可能であったが、当時SCAPの命令は絶対的なもので、反抗など出来る余地など全くなく、吉田首相は苦肉の策として「警察予備隊」と称する軍備を持った。もし吉田首相がこの「平和憲法」を盾として再軍備を拒否したら、SCAPはその時点で憲法改正を命じたであろうことは論をまたない。この「警察予備隊」が「保安隊」に改編され、それが現在の「自衛隊」へと進化した。

軍備を持たず戦争もしないことを明記した日本の「平和憲法」の存在は、世界的に特異な例かもしれないが、日本は既に自衛隊と称する軍備を持っている。たとえ軍備を持っていても戦争をしていないとの面で見れば、スイスは一六四八年に神聖ローマ帝国から独立して以来「永世中立国」を国是とし、戦争に明け暮れていたヨーロッパに在って四〇〇年近く平和を維持しており、アジアでもタイ王国が一七八二年現チャクリ王朝が成立して以来、国境での紛争はあったとしても、大東亜戦争の時期を含めて二三〇年以上も戦争をしないで平和を守っている。なお南米には独立以来外国と戦争をしていない国が多く存在する。特殊な例はアルゼンチンで、一八一六年にスペインから独立して以来、戦争をしたのは英国との一度のみであった。その戦争も、南大西洋のアルゼンチンのすぐそばに存在し、同国が実効支配しようとしたマルビナス諸島（英国名：フォークランド諸島）に対し、英国のサッチャー首相が実効支配権は英国にあると称して強行した戦争であった。当然海軍力が劣るアルゼンチンは敗退して、英国が実効支配をしているが、アルゼンチンは現在も自国領土と主張している。

これらの諸国と、日米安保条約でアメリカに守られ、韓国に竹島を占領されても何もしない「七〇年の平和」と称する日本の現状について、国を守る感覚が強い諸外国の人々にとっては、日本人の平和憲法と称する認識に大きな違和感があることが容易に想像できる。

戦争の実際経験がない日本の国民にぜひ正しい歴史認識をしていただいた上で、「戦争なき日本の平和」を論じ、維持していただきたいと願っている。

第一章　大東亜戦争の意義と責任者

日本が一九四一年（昭和一六年）一二月八日に「大東亜戦争」として宣戦をした相手国は米英両国であった。しかし一九五一年（昭和二六年）九月にサンフランシスコで開催された講和会議で初めて分かったことだが、「第二次世界大戦」となったあの戦争で日本が敵国とした交戦国は、会議に不参加だった中国、インド、ビルマと当時のユーゴスラビアを含めると五五ヵ国になっていた。当然同盟国であった独伊両国は含まれないが、日本は永世中立国スイスやスウェーデンその他の数ヵ国を除いた世界のほとんど全ての国を相手として戦争していた事実を認識する必要がある。

日本が「シナ事変、大東亜戦争、太平洋戦争」と称した第二次世界大戦（以下分かりやすく「大東亜戦争」と称する）は、当時の日本が「聖戦」、「国の大義」と称して起こしたもので、大学生を戦争に送るに際して「国の大義に殉ずるは我ら学徒の本分ぞ、ああ紅の血が燃える」という歌まで作って称揚していた。当時の日本国民が「天皇陛下が国の大義として起された聖戦」と信じ込まされていたからこそ、玉砕を命じられた硫黄島や沖縄での決戦、そして神風特攻隊や本土決戦までも、当然なこととして国民は受け入れていた。今では軍国主義教育の結果として理解されているが、当時の日本のかかる特殊な国内状況と真摯な国民の気持ちのあり方を、現在の日本国民の方々にぜひ理解していただきたい。

(一) 大東亜戦争は昭和天皇の意志で発令されたものではなかった

当時の日本国民全てがあの戦争を昭和天皇の命令による「聖戦」と信じていたが、戦後になって初めて分かったことだが、昭和天皇がご自身の意志として命令を出されたのは、一九二八年（昭和三年）に陸軍が起こした第一次満洲事変の責任者処分を田中義一首相に命じたことと、一九三六年（昭和一一年）に起こった二・二六事件の鎮圧の二回のみであったという。

ただ二・二六事件は皇統派の一部陸軍軍人が起こしたもので、首相を含む政府要人のみならず、昭和天皇の側近であった鈴木貫太郎侍従長や牧野伸顕前内大臣まで標的としており、「天皇に対する反乱」と見なして陸軍へ鎮圧を命じた例外的なもので、実質的には第一次満洲事変の際のたった一回のみであった。

その際に元老の西園寺公望から「天皇は臣下から出された結論を承認すべき立場にあり、

自分の個人的な意見による命令を決して出してはならない。これが日本の立憲君主制民主主義の原則である」と諭され、それ以降は二・二六事件の「天皇に対する反乱」を除いて一切ご自分の意志としての命令を出されなかったとのことである。

大東亜戦争に踏み切った東條英機首相は、「決して戦争にならないように」との昭和天皇の内意を得て内閣を組織したが、東條首相自身が主戦派の一人であり、軍部の突き上げを押さえ切れず戦争に至ったもので、昭和天皇は東條首相が主催した御前会議（最高戦争指導会議）の決定を受けて「宣戦の詔勅」を出された。

終戦時の鈴木貫太郎内閣でも、昭和天皇は一切ご自分の意志を示さず、鈴木首相が御前会議であえて結論を出さず、昭和天皇へ強く意志表示をお願いしてポツダム宣言受諾の決断を頂いたものであった。かかる当時の日本の内部事情を諸外国は全く理解できなかったので、大東亜戦争、即ち第二次世界大戦は昭和天皇の強い意志で起こした戦争と認識している国が多く存在している。

㈡　中国との戦争は本当に日本の正義の戦いであったのか

一九三一年（昭和六年）九月一八日に瀋陽郊外柳条湖の鉄道爆破で発生した第二次満洲事変を、中国は「日本が中国侵略を開始した日」として抗日戦争記念日に指定している。

これは満洲に駐留していた日本の関東軍が満洲全土を手中に収めるべく、中国側が鉄道を爆破したとの口実を作って戦争を起こしたもので、この戦争が日本の傀儡《かいらい》帝国である、その後の満洲帝国の建国に繋がった。したがって植民地獲得戦争の範疇と言える。

一九三七年（昭和一二年）七月七日に北京郊外盧溝橋で日本駐留軍の夜間演習の際に日中両軍の交戦があり、これを機に日本は三個師団の中国派兵を決めたので、日本が称する「シナ事変」は事実上この交戦から始まった。同年八月に上海で中国軍との交戦があり、中国の蒋介石主席が行った「我々は戦いを求めるものではないが日本の侵略戦争には責任を以って応じる」という有名な「最後の関頭演説」はこの時であった。その後中支那派遣軍の松井石根司令官が一二月一三日に首都南京まで攻め込み、実際には二〜三万人との説もあるが現在では三〇万人と称される大虐殺を引き起こした。たとえ二〜三万人であったとしても占領時の数日間に起ったことであり、大虐殺であったことを否定することはできない。

実は第二次満洲事変は満洲全土の占領を企図した日本の関東軍が起こしたもので、日本政府は事前に全く関知しておらず、また上海での交戦の際も日本政府は蘇州—嘉興間に政令線を引いてこれを越して中国内部へ侵攻してはならないとの命令を出したが、中支那派遣軍はその政府命令を無視して南京へ攻め込んだ。誠に残念なことは、日本政府はこの二つ暴挙を事後に承認し、軍部の勝手な行動や命令違反を行った責任者の処罰をしなかったため、その後の中国における戦争拡大に繋がってしまったことだ。かかる現地派遣軍、特に陸軍の勝手な行動を押さえることが出来なかった軍部中央ならびに当時の政府首脳に、戦争責任があったと言える。日本はこの戦争の理由を「暴支膺懲」（暴戻《ぼうれい》支那ヲ膺懲《ようちょう》ス＝暴虐な支那をこらしめる、の意）として、戦争ではなく「事変」と称したが、果たしてこれが日本としての「正義の戦争」であったかどうかは大いに疑問とするところで、中国から日本の侵略戦争と言われても否定することはできない。

なお中国本土で武漢の先まで攻め込んだこの戦争で中国の一般国民がいかに大きな被害を受け、塗炭の苦しみを味わったかについて、当時の日本国民は何も知らされなかった。その戦争が、ソ連軍がベルリンまで侵攻した際と同じく都市での殲滅戦争であったので、中国の一般国民が味わった苦しみは想像を絶するものであったと思われる。唯一当時湖南省長沙市で日本との戦争を経験した周愛蓮という方が三省堂書店から日本語で『a lotus 百年漂泊』（二〇一四年）という本を出された。そこに彼女の少女時代の戦争経験が記されており、その実情の一端を知ることができる。機会があればぜひお読みいただきたい。

㈢　第二次世界大戦の欧州戦争の経緯

日本が起こした大東亜戦争はドイツが欧州で起こした戦争と極めて密接な関係があるので、まずドイツが欧州で起こした戦争の経緯を時系列的に見ることとする。

＊一九三九年（昭和一四年）八月：ヒトラー総統率いるドイツ第三帝国はソ連とポーランドの二分割を含めた一〇年間の「独ソ不可侵条約」を締結した。同年九月にドイツ領としたポーランドへ侵攻、これに対して英仏両国がドイツへ宣戦を布告した。

＊一九四〇年（昭和一五年）六月：ドイツがパリを占領。フランスのペタン元帥と休戦協定を締結し、パリーを含めた北部をドイツが占領、南部に対独協調のヴィシー政権が誕生した。国防次官シャルル・ド・ゴール准将（後の仏大統領）がイギリスへ亡命して「自由フランス軍」を設立した。

＊一九四一年（昭和一六年）六月：ドイツは一〇年間の「独ソ不可侵条約」を二年目に破棄してソ連領へ侵攻したので、ソ連がドイツへ宣戦布告をした。一九四三年にソ連のスターリングラードで敗退するまでドイツは破竹の勢いで欧州での戦争を拡大した。このソ連侵攻は結果としてナポレオンと同じくロシアの冬将軍に負けたと言うことが出来る。この時からドイツの敗退が始まった。

＊一九四五年（昭和二〇年）五月：ソ連軍がベルリンを占領、ヒトラー総統が自殺し、ド

イツは連合軍へ降伏した。

㈣　日本が大東亜戦争を起こした経緯

＊一九三六年（昭和一一年）三月：広田弘毅内閣成立、五月に軍部大臣の現役武官制を復活させ、一一月に日独防共協定を締結した。一年後にイタリアが参加。この現役武官制の復活により、陸軍が自分が欲する陸軍大臣を出さないと内閣が成立しない事態となり、陸軍に引きずられて戦争になってしまった経緯がある。また日独伊防共協定がその後の日独伊三国軍事同盟に繋がった。広田首相が民間人として唯一人A級戦犯として死刑になった原因は、このことと南京大虐殺時の近衛内閣の外相であったためと思われる。

＊一九三七年（昭和一二年）六月：第一次近衛文麿内閣が成立、広田が外相を務める。七月七日に盧溝橋事件が発生し、一二月一三日に南京を陥落させ大虐殺事件が起った。

＊一九四〇年（昭和一五年）七月：第二次近衛文麿内閣成立、東條英機が陸相、松岡洋右が外相に就任。同年九月に日本軍は北部仏領インドシナ（略称を「仏印」、現在のベトナム）へ進攻するとともに「日独伊三国軍事同盟」を締結した。この仏印侵攻に対してアメリカは対日石油輸出を全面的に禁止した。

＊一九四一年（昭和一六年）四月：松岡外相が五年間の「日ソ中立条約」を締結した。

＊一九四一年（昭和一六年）一〇月：東條英機内閣成立、東條が陸相を兼務。
＊一九四一年（昭和一六年）一一月：アメリカは「ハル・ノート」を日本へ提示。
＊一九四一年（昭和一六年）一二月八日：日本が英米両国へ宣戦を布告。
（註）同日中華民国（中国）が、一〇日にオランダが日本へそれぞれ宣戦を布告したので、日本は米英蘭中四国と戦争状態に入った。

㈤ 戦争の基となったアメリカ・ハル国務長官の「ハル・ノート」

アメリカが一九四一年（昭和一六年）一一月二六日に日本へ提示した「ハル・ノート」を最後通牒とみなし、日本は同年一二月八日に米英両国に宣戦を布告した。ハル・ノートの条件は、日独伊三国軍事同盟の破棄および中国・仏印（フランス領インドシナ）からの軍隊の撤退であり、当時の日本政府の立場としてこれを受け入れることは非常に難しかったという。当時アメリカのルーズベルト大統領は、英仏両国を助けるために欧州戦線への参加を狙っていたが、その名分を得るためには、ドイツと軍事同盟を締結している日本との戦争が絶対に必要だったので、日本が受諾不能なハル・ノートの条件提示をしたとの説がある。

あの戦争で日本が払った大きな犠牲と戦後のみじめな現実を体験した日本国民には、アメリカとの戦争などすべきでなかったとの認識がある。もし当時の為政者および軍部が、かかる事態を想定するとともに日本としての最大の国益を想定することができたら、日独伊三国軍事同盟の破棄と仏印からの撤退、そして中国との戦争中止は実質的に不可能ではなかったと考える。

しかも海軍が「何とか一年なら戦争ができる」と称したほど軍備的に劣勢な中で、あえて東條内閣が米英両国との戦争に突入した原因を探ると、そのルーツは第二次近衛内閣での近衛首相、東條陸相、松岡外相のトリオによる昭和一五年の日独伊三国軍事同盟締結、昭和一六年の日ソ中立条約締結、そして中国での戦争拡大にあったと言える。

特に昭和一六年一二月の開戦時は、欧州戦争でドイツが圧倒的な強さを見せて必勝が期待されていた時期であり、ドイツとの関係を重視し、中国戦線を一方的に拡大した陸軍の面子からハル・ノートの受諾は不可能であったと想定される。なお不可思議なことは、ドイツが昭和一六年六月に独ソ不可侵条約を破棄してソ連との戦争を始めたのに、日本がその二ヵ月前の四月に日ソ中立条約を締結したという事実である。ドイツがソ連との戦争を始めるなら、ドイツと軍事同盟を締結した日本は日ソ中立条約など締結すべきではなかったと言える。

日ソ中立条約は松岡外相が訪独の帰途、ソ連を訪問した際に松岡外相からソ連に提案して締結したと言われており、ソ連のスターリン書記はドイツがソ連領へ侵攻する動向を完全に把握していたので喜んで応じたとのことである。要はドイツの動向を全く読めなかった、あるいはドイツを訪問してヒトラーから何も知らされなかった松岡外相の独り善がりの行動であったと言うことができる。

ドイツが独ソ不可侵条約を破棄してソ連との戦争を開始したのなら、軍事同盟を締結していた日本も直ちに日ソ中立条約を破棄してソ連と戦争すべきであったとの考えがある。もし日本がソ連に宣戦を布告すればソ連は欧州と極東で二分割した戦争を余儀なくされ、一方日本がソ連と戦争を開始してもアメリカは欧州戦争に参戦できないので、欧州でドイツの勝利を含めた停戦が実現したかもしれない。ドイツと軍事同盟を締結していた日本がソ連と不可侵条約を締結して米英両国との戦争を開始したため、アメリカに欧州戦争へ参戦する大義名分を与え、ドイツを敗戦に追い込んでしまったとも言える。

結論的に言えば、フランスに親独ヴィシー政権が成立したので仏印への進駐は問題ないとした近衛内閣の判断がアメリカの石油輸出禁止を招来して裏目に出るとともに、中国との戦争をあえて「事変」と称したまま勝利、勝利という美酒に酔いつぶれ、首都南京さえ占領すれば中国は降伏するとの陸軍の甘い判断があるとともに、日ソ中立条約で満洲の日本の立場を安全にした上で米英両国との戦争を開始したことが、結果的に日本のみならずドイツまで敗戦に追い込んでしまったと言える。

当時の近衛・東條両内閣と陸軍首脳のかかる判断の甘さと、いかに戦争を終わらせるかとの見込みを持たないまま大東亜戦争に突入したことを考えると、ここに実質的な戦争責任があったと判断せざるを得ない。

㈥　日本の戦争責任者について

大東亜戦争は昭和天皇の昭和一六年一二月の「詔勅」で戦争が始まり、昭和二〇年八月の「詔勅」による玉音放送で終戦となった。この戦争は戦死者二三〇万人、民間人死亡者八〇万人も出した戦争であり、生き残った日本国民も多大な被害と苦しみを味わうとともに、海外へ移民された日本人もそれぞれの国で多大な被害を受けた。昭和天皇に国家元首としての道義的戦争責任があることは否定できない。戦後公的に「戦争責任は自分にある」と表明したのは、マッカーサー総司令官へ会われた昭和天皇ただお一人である。

しかし、平和的に日本を占領するために昭和天皇の存在は不可欠として国際軍事裁判が免訴し、昭和天皇もその点を十分に認識され退位も考えられたが、皇室典範という法律で退位できなかった。昭和天皇が極東国際軍事裁判で免訴になったことと、戦後になって昭和天皇に実質的戦争責任がないことが分かったため、戦後の日本国民にとって昭和天皇には国家元首としての道義的責任を含めて戦争責任はなかったと認識され、それが当然なことして現在に至っているように思われる。

一方、前項で説明した通り、大東亜戦争を起こした実質的戦争責任は近衛・東條両内閣と軍部首脳にあったが、戦後の日本自身が戦争の実質的責任者が誰なのかを明確に追及せず、さらに極東国際軍事裁判で戦争責任者とされたA級戦犯を愛国者として靖国神社に合祀したこととあわせ、A級戦犯となった方やA級戦犯に指名されたが免訴となった方が戦後の政府の要職に就かれ、叙勲された方も出たため、現在の日本ではあの戦争の実質的責任者が存在しないと理解される状況になっている。

ただし、戦争被害を受けた諸外国から日本を見た場合の見解がこれと全く異なっていることを、日本人は認識する必要がある。中国に共産党による中華人民共和国が出来たのは、日本が国民党と戦争をしてくれたお陰と毛沢東主席が感謝の意を示したとの話もあり、また日本人の中に、大東亜戦争は欧米諸国のアジア植民地を解放した正義の戦争で、特にインドはそれを非常に感謝していると話す人もいる。

確かに日本はビルマまでは侵攻したがインドは戦場にならなかったので、かかる話が出るかもしれないが、実際に戦場となった諸国はそう考えていない。当時の東南アジアの植民地であった各国の革命戦士たちは、日本に植民地から解放してもらったのには感謝しているが、占領後に日本が独裁的な軍政を行ってその功を一気に欠いてしまったと述べている。このことはサンフランシスコ講和会議で、フィリピン、ベトナム、インドネシア、ビルマの四ヵ国が賠償金の支払いを調印の条件としたことからも理解できる。

戦後七〇年を経た現在、それらの諸国と経済関係が深まり、全て日本へ好意的なので、現在の日本国民にとってかかる理解をすることは全く不可能と思われるが、日本に実質的な戦争責任者が存在するのは事実であり、それについては別途触れることとしたい。

第二章　日本とドイツの戦後処理の差と歴史認識

日本は、中国を含めた一部の国から「ドイツは正しく歴史認識をしているのに、日本は歴史認識が出来ていない」と言われている。これについては、第一次世界大戦後の敗戦国ドイツで起こった異常なハイパー・インフレーションによりドイツ国民が非常に悲惨な状況に陥り、その結果としてヒトラー総統率いるナチ政権が生まれた実情を含めて理解する必要があり、さらに第二次世界大戦後の日本とドイツの戦後処理の違いを理解する必要がある。

ローマ時代以降までの古来の戦争では、勝者は常に敗者の国を自分の領土とし、敗者の国民全てを奴隷とすることが通例であった。その後の欧米列強諸国による植民地獲得の侵略戦争でも、侵略を受けた各地は無条件で侵略者である勝者に服従せざるを得なかった。

日本の諺にある「勝てば官軍」であり、明治維新の際にも同様のことが起こっている。戦前の教育では薩長両藩の官軍としての正当性が大いに強調されたが、戦後になって明治維新は薩長両藩が主体となり、下級貴族の岩倉具視が若い明治天皇や摂政の許可なく勝手に「署名も花押もない偽勅」と「錦の御旗」を作って起こした倒幕戦争だったと理解されている。会津藩の松平容保藩主は官軍に対して恭順の意を表したが、長州藩は「禁門の変の仇を討つ」として全く不要な会津攻めを強行した。これは当時の武士道にもとる行為だが、何しろ政府そのものが薩長両藩による官軍なので、全てが正当なものとしてまかり通ってしまった。要はいかに理不尽な戦争であっても「勝てば官軍」であり、勝者が何ごとも正当化してしまうという理屈である。

一八世紀に入って「国家」という認識が深まった結果、国家間の戦争では、勝者は敗者の領土の一部を割譲させ、その戦争に要した費用を賠償金として支払わせる形になった。これは日本国自身も行ったことで、日清戦争では下関条約で清国から台湾、澎湖諸島、遼東半島南端の割譲と賠償金二億テールの支払いを要求し、清国の支配下にあった朝鮮を独立させた。この二億テールという金額は、NHKのテレビ放映によれば、当時の日本の国家予算の四年分に相当する金額であったという。なお遼東半島南部は独仏露の三国干渉で返還を余儀なくされ、その後に遼東半島南部を中国清朝から租借する形で占拠したロシア帝国が満洲（中国の東北三省）を植民地化すべく行った行動が日露戦争の原因となった。

その日露戦争では日本陸軍が満洲の奉天会戦で勝利してロシア軍は北部へ撤退したが、

もしロシア軍が再度軍備を整えて南進したら日本にはもう余力がなく、全く勝ち目がなかったという。日本はアメリカの仲介でやっと戦争を止めることができたのが実情であり、ポーツマス講和条約では賠償金はゼロ、南樺太割譲と南満洲鉄道の利権取得のみという条件で講和条約を締結せざるを得なかった。奉天会戦と日本海海戦の勝利でメディアの「日露戦争は日本の大勝利」という大宣伝に酔っていた日本国民はこれを大いに不満とし、講和条約締結後に「日比谷焼き討ち事件」という大騒動を起こしている。特命全権大使として講和会議に派遣された小村寿太郎は、立派にその使命を果たしたにもかかわらず人目を避けてこっそりと帰国し、メディアと国民から弱腰交渉をしたとして多大な非難を浴びたという。明治の日露戦争と昭和の大東亜戦争を比較すると、政府ならびに軍幹部の考え方とその処理の違いに歴然とした差があり、これは後述することとする。

後年、大東亜戦争で敗戦国となった日本が負うべきポツダム宣言の基礎となったのが、一九四三年（昭和一八年）一一月にルーズベルト米国大統領、チャーチル英国首相、蒋介石中国主席の三者会談で決めた「カイロ宣言」であった。その条件は日本軍の無条件降伏を求めるとともに過去の戦争で日本が獲得した台湾と澎湖列島、南樺太の返還、ならびに南太平洋の管轄権放棄と朝鮮の独立であった。率直に言えば連合国側首脳がかかる会談をするということは、もう日本の敗戦が決まっていたという状況にあったと言える。

なお第一次世界大戦時のドイツに対する巨額な賠償金が起こした問題を反省点として、第二次世界大戦では賠償金の支払要求はなく、その代わりにドイツと日本に突き付けたのが、戦争を起こした責任者を「平和に対する罪」、いわゆる「A級戦犯」として裁くという国際軍事裁判であった。以下、日本とドイツの戦後の実情と戦後処理の違いを、ドイツの歴史的背景とあわせて説明する。

(一) 第一次世界大戦はどうして起こったか

第一次世界大戦はドイツが起こしたと思われているが実際は異なる。

一九一四年六月に、現在のボスニア・ヘルツェゴビナ共和国の首都サラエボで、オーストリア・ハンガリー帝国の皇太子フランツ・フェルディナント大公夫妻がセルビア王国の一青年に暗殺された。セルビアが適切な処理を拒否したため、同年七月に、オーストリア・ハンガリーがセルビアに対して宣戦布告したのが第一次世界大戦の端緒である。

当時ドイツ帝国はオーストリア・ハンガリーの同盟国であった。セルビアの同盟国であったロシア帝国がドイツの参戦を懸念し、先手を取ってドイツに宣戦を布告したもので、ドイツが自ら起こした戦争ではなかった。その結果としてアメリカや日本までも巻き込んだ世界的大戦争に拡大し、死者一〇〇〇万人弱、負傷者約二一〇〇万人、民間人死者約七〇〇万人という多大な犠牲を払った戦争になった。

最終的にドイツ国内のキール港で水兵の反乱が発生し、極左派が革命を起こす予兆が出てきたため戦争継続を断念し、カイゼル・ヴィルヘルム二世がオランダへ亡命してドイツ帝国は消滅した。一九一八年一一月にパリ休戦協定が結ばれ、四年五ヵ月に及んだ大戦が終了した。一九一九年、民主主義国家となったワイマール共和国の選挙で第一党となった社会民主党党首のフリードリヒ・エーベルトが初代大統領となった。

(二) 過酷な戦後処理とハイパーインフレーション

第一次世界大戦後の一九一九年六月にパリのベルサイユで開かれた講和会議で、ドイツへの戦後処理が決定した。アルザス・ロレーヌ地方のフランスへの割譲や各地の独立によってドイツ国土の一〇%が消滅し、空軍と潜水艦を保有しない条件を含む軍備の弱体化とあわせ、連合国賠償金委員会が一九二一年四月に一三二〇億金マルク（三〇年賦）という非常に過酷な賠償金の支払いを決定した。

一三二〇億金マルクとは当時のドイツの国家歳入の約四五年分に相当する巨額なもので、戦後の荒廃したドイツでは全く履行不可能な賠償金であった。当然不履行となり、その支払遅延に対してフランスとベルギー両国がドイツ産業の心臓部であるルール地方へ侵攻したため、激怒したドイツ労働者がストライキを行って経済崩壊を招来した。

もちろんドイツでは戦中戦後にインフレが進み、その程度は五倍ほどであったが、この時に起こったインフレーションは想像を絶するもので、一九二三年一一月までのたった二年余の間に三八四億倍という恐怖のハイパー・インフレーションとなった。卵が三二〇〇億マルク、ミルク一リットルが三六〇〇億マルクになるという驚異的なインフレで一〇〇兆マルク紙幣まで発行された。ドイツ全国民がたいへん厳しい飢餓に直面し、塗炭の苦しみを味わったという。

このハイパー・インフレーションは一九二三年一一月にレンテン銀行が不動産を担保とした一兆マルク＝一レンテンマルクという新紙幣を発行したデノミネーションでやっと沈静化し、これが「レンテンマルクの奇跡」と言われている。

実は第一次世界大戦時にも「ドイツの戦争責任者を裁く」という連合国側の意向があり、既にオランダへ亡命していたヴィルヘルム二世の引き渡しを強く要請したが、オランダがこれを拒否して、結局裁判は行われなかった。

(三) 民主主義から生まれたヒトラーの独裁政権「第三帝国」

ワイマール共和国は民主主義国家で、その民主主義国家で生まれたのがヒトラー率いる国民社会主義ドイツ労働者党（略称「ナチ党」）だった。ナチ党は一九三三年に第一党となって政権を掌握し、その後独裁政権に移行してオーストリアを併合し、ヒトラー総統を盟主とした「第三帝国」が生まれた。ドイツ国民がナチ党を支持したのは、ナチ党がゲルマン民族の優秀性を説き、ベルサイユ条約を破棄して再軍備を行い、世界に冠たる国家を目指すとドイツ国民の心情に訴えたことが、第一次世界大戦の敗戦で非常に苦しめられたドイツ国民の「ゲルマン魂」を掴んだためである。

一九三九年九月に軍備を整えたドイツはポーランドへ侵攻し、これに対して英仏両国が対独宣戦を布告して第二次世界大戦が起こり、米国が参戦し、一九四五年五月のソ連軍のベルリン占領によりヒトラー総統が自殺して戦争は終結した。戦後のドイツは英米仏三国が管理するドイツ連邦共和国（西独）とソ連が管理するドイツ民主共和国（東独）に分割されたが、一九八九年一一月に「ベルリンの壁」の崩壊があり、翌一九九〇年にドイツ連邦共和国として統一国家に戻った。

(四)　戦争責任全てをヒトラー総統と「ナチ党」が背負った

ドイツは戦後に英米仏国が管理する西ドイツとソ連が管理する東ドイツに二分割され、首都ベルリンが東独の中にあったため、このベルリンも東西両ドイツに分けて、米英仏とソ連が分割管理するという異常事態になった。

第一次世界大戦でドイツに巨額の賠償金を課し、ドイツ国民に塗炭の苦しみを味わわせた結果がナチ党・ヒトラー総統という国粋主義的独裁政権を生み出した苦い経験とあわせ、戦後のドイツが民主主義国家の英米仏三国と共産主義国家のソ連による分割管理という異常事態となり、ドイツ占領地区がソ連を中心とした共産主義国家に対する最前線となったので、占領軍を補助させるため東西両ドイツにおいて軍備の存続を認めざるを得ず、戦後処理としては第二次世界大戦の戦争責任者のみを裁くことになった。

ドイツと日本の大きな違いは、戦後のドイツが第二次世界大戦の戦争責任を全てヒトラー総統とナチ党に負わせることが出来たことで、戦後の大統領および政府首脳が第二次世界大戦における犠牲者ならびにユダヤ人大虐殺について公的な謝罪を表明し、戦争責任を明確にすることができたことにある。

ドイツでもニュルンベルクで国際軍事裁判が開催されたが、戦争の最高責任者であった国家元首ヒトラー総統が自殺したため、ナチ党幹部のみが戦争責任者として収監され、その内の二二名が「A級戦犯」として起訴された。判決は死刑一二名、終身刑三名、有期刑四名、無罪三名の判決となった。A級戦犯として収監された方で、死刑以外の方や起訴されなかった方がその後どのような人生を送られたのかは不明だが、ナチ党およびその協力者としての立場が非常に明確だったので、大統領、首相、そして国務大臣などの政府要職に就くようなことはなかったと思っている。

一方日本では免訴となった方がその後総理大臣になったり、また戦犯となったが釈放後に政府の要職に就かれた方がおられるので、このドイツとの大きな違いを認識する必要がある。

(五) 第二次世界大戦後の日本の実情

日本の戦後はドイツとは全く異なる。日本領土のうち硫黄島と沖縄のみが「本土決戦」という軍部方針の犠牲になったが、その他は千島列島がソ連の侵攻を受けたのみで、本土四島は戦場にならなかった。このうち千島列島は未だにソ連（現在のロシア）に占領されたままであり、戦後七〇年が経った現在も日ロ平和条約が締結されていない。

もし日本の終戦がさらに遅れたら、千島列島を占領したソ連軍が北海道はおろか東北地方まで侵攻したことは必至であり、ドイツと同じく日本も戦後二分割されていた可能性がある。幸い日本はソ連を除く連合国軍の占領となってドイツの二の舞いが避けられ、アメリカのマッカーサー将軍が最高司令官（ＳＣＡＰ）となり、進駐軍総司令部（ＧＨＱ）のメンバーもアメリカが主体となった。

当時は中華民国であった中国も進駐軍を日本へ派遣したが、共産党との内戦のため軍隊を引きあげたので、日本人にとってはアメリカ軍にのみ占領されたという感覚が深く残っている。もし中国で共産党との内戦がなく中国軍が日本に駐留してGHQの施政に協力していたら、日本国民に戦争で中国に負けたとの実感が残り、日本が中国本土で戦争を行った事実が深く認識されて、現在の中国に対する理解が多少なりとも変わっていたかもしれない。

さて、平和裏に七〇年余を過ごした現在の日本国民には理解が難しい点がある。それは降伏をした日本へ進駐した連合国軍のSCAPは、当時の日本にとって絶対的君主であったという事実である。

まずSCAPの「日本を平和裏に占領するためには昭和天皇の存在が絶対に必要」との判断により昭和天皇が戦犯から外された。当時の日本では「天皇は神様であり、日本はすめらみこと（皇尊）が統べる国」との国家教育が徹底され、敗戦に際して「一億総懺悔」という言葉が出るほど国民から敬愛されていた。もし昭和天皇が戦犯に指名されたら進駐軍に対して日本国民の大暴動が起こっても当然な状況にあったので、SCAPの判断は正鵠《せいこく》を得ていたと言える。

日本国民は昭和天皇が戦犯にならなかったことを当然と思っていたが、戦争が昭和天皇の詔勅で始まり詔勅で終わった事実から「昭和天皇に戦争責任があった」と見るのが当時の世界諸国の常識であり、連合国の多くの国が「昭和天皇を戦犯として裁くべき」と強く主張したが、ＳＣＡＰの方針をアメリカ大統領が支持したため昭和天皇はＡ級戦犯から外された。

次に、ＧＨＱから立憲君主制の民主主義国家となった日本の新憲法作成を命じられた日本政府は当時の権威者を集めて原案を作ったが一蹴され、ＳＣＡＰの命令によりＧＨＱが作成した憲法草案を受け入れざるを得なかった。日本の関係者が「将来必ず日本人の手になる憲法を作る」と号泣したという話が伝わっている。

憲法第九条を正しく解釈すれば、日本は絶対に軍備を持てない規定になっており、さらに天皇を「国家の象徴」として政治への関与が出来ないようにした。これは従来の日本国民が天皇の命令であれば、命をかけて戦争に赴くとした軍国主義思想を徹底的に破壊し、日本に二度と戦争を起こさせないように企図した、アメリカを主とした連合国が作った制度である。

最後に強調したい点は、連合国による日本の戦争責任者の断罪である。日本政府は自国で戦争責任者を裁くと強く申し入れたがＳＣＡＰから拒否され、国際軍事裁判を受け入れざるを得なかった。要は降伏をした日本として、発言する権利など全くなかった当時の実情をぜひ理解していただきたい次第である。

㈥　日本とドイツの敗戦国としての戦後処理の差

日本とドイツは、両国とも自ら戦争を起こし敗戦国となった。この両国とって一部の国から何故「歴史認識に差がある」とか「戦争責任に対する認識の差がある」と言われているのか、その原因を検証する必要がある。

ドイツは戦後に就任した大統領および政府首脳が、第二次世界大戦の戦争責任が全てヒトラー総統とナチ党にあるとして公的に謝罪して戦争責任を明確にすることができたが、一方日本には、日本国民としては当然なことと思っているかもしれないが、外国人の目から見た場合、理解出来ない不思議に感じられる点が存在する。

まず戦争責任について、昭和天皇がＳＣＡＰと面談された際に「この戦争の責任は全て自分にある」と表明されたが、日本の国家元首としての諸外国に対する公的な戦争の謝罪表明を一切されなかった。これは昭和天皇の側近がかかる謝罪をすることで、せっかく免訴となった昭和天皇の戦争責任を国際的に明確化されることを恐れたためかもしれない。

日本政府としても首相として公的な謝罪表明をしたのは、村山富市首相が戦後五〇年目にあたる一九九五年八月に行った「村山談話」が初めてである。その後の歴代首相は「村山談話を継承する」とのみ述べて、自分の口から謝罪の言葉を述べていない。日本で戦時中に「天皇陛下のための聖戦」という教育が徹底されていたため、戦後の歴代首相に大東亜戦争の戦争責任が昭和天皇にあるという潜在意識があったためであろうか、聖戦を命じられた昭和天皇に代わって戦争のお詫びを口にすることをあえて避けていたように思われ、社会党党首であった村山首相だからこそ初めて公的な謝罪表明を口にすることが出来たのではと思考する。

次に国体の維持と国家元首について、元来戦争で負けた国は必ずその国体が変わるか、あるいは国家元首が代わるのが通常だが、日本では「天皇制」という国体がそのまま維持され、国家元首も「象徴」とはなったが、昭和天皇が敗戦の一九四五年八月から一九八九年一月までの四三年半近くその地位を保たれた。これは皇室典範によって法的に退位が不可能であったことによるが、外国には国王の退位の例があるので、敵対した諸外国から見た感覚として、昭和天皇が戦争責任を取らなかったと誤解される面があったのも事実である。

もし皇室典範に「天皇の退位」の規定があれば、昭和天皇ご自身が退位を考えておられたとの事実から、サンフランシスコ講和条約締結の時点で昭和天皇が「国家元首として第二次世界大戦の戦争責任が自分にある」と述べて退位を表明し、あわせて戦争被害国に対する謝罪を明確に表明されておられたら、大きく状況は異なっていたかもしれない。これが今になって中国から「昭和天皇に代わって今上天皇が第二次世界大戦の謝罪をすべき」と言われる原因になったと思われる。

なお現在の日本にとってそれ以上に大きな問題は、天皇陛下があえて参拝を避けておられるA級戦犯が合祀された靖国神社へ、政治と外交面で国家元首の資格を持つ日本首相が「戦争で亡くなられた愛国者へ参拝するのは日本首相として当然の義務」と称して参拝を行い、一部政府首脳がそれに同調していることであり、これについては別章で触れることにする。

第三章　日露戦争と大東亜戦争の大きな違い

明治時代に日露戦争を起こした際の日本政府首脳および軍幹部の戦争に対する認識とその対応は、「シナ事変」を起こし「大東亜戦争」へと拡大した際の日本政府首脳および軍幹部の戦争に対する認識とその対応と大きく異なっている。その違いを理解すると世界の五五ヵ国を相手とした第二次世界大戦が、日本国として果して「正義の戦い」であったか否か、そして国家の存亡を賭した戦争であったか否かを認識することができる。

そのためにまず日本が日露戦争を起こした明治時代の日本が置かれた環境と、当時の日本政府首脳および軍幹部がやむを得ず戦争に踏み切らざるを得なかった状況を述べることとしたい。それを大東亜戦争の場合と比較すると、実際に戦争を経験されなかった現在の日本の方々も、あの戦争がいかに無謀、無策なものであったかを理解できるのではないかと思う。

(一) 日露戦争に至るまでの日本が置かれた環境

日本は一九〇二年（明治三五年）に英国と「日英同盟」を締結した。一九世紀から二〇世紀初頭にかけて、世界では人種差別の感覚が非常に強く、英米独仏露の欧米諸国が白人至上主義を唱えてそれぞれが植民地を拡大し、世界での覇権を求めていた時代であった。当時の英国は世界に冠たる白人国家であり、その英国が近代国家としてやっと一歩を踏み出した黄色人種の日本と同盟を締結すること自体が非常に驚くべきことであった。現在の日本国民は、まずこの時代のかかる状況を正しく理解する必要がある。

当時のロシア帝国は強大な軍事力を背景として積極的に領土拡大を行っており、その矛先をアジアに向け、既に満洲から朝鮮北部を制した状況にあった。このまま朝鮮全土がロシアの植民地となると次いで日本が狙われ、英国がアジア地区に有する権益に多大な影響を及ぼす可能性が強まったので、ロシアのアジア進出を牽制する目的で「日英同盟」が締結された。

実際にロシアは一九〇四年（明治三七年）の日露戦争開始の時点で、中国清朝から租借した旅順を要塞化してウラジオストクとあわせて強大な太平洋艦隊を配備していた。また満洲鉄道を敷設して既に満洲全土を実効支配しており、朝鮮李王朝からも朝鮮北部を租借して軍隊を駐留させていた。ロシア帝国が朝鮮全土を実効支配するのは、もう目前に迫った時間の問題であった実情を理解する必要がある。

当時の日本は未だ近代国家としての体制が整っておらず、日本政府が最も懸念していたのは――というよりも最も恐怖を感じていたのは、ロシアが朝鮮全土を支配して植民地とした後、日本に対して租借地を要求して軍港を持つとともにロシア軍を駐留させ、究極的に当時のフィンランドやポーランドと同じくロシアに支配された属国に陥ることであった。

(二) 日露両国の軍事力の比較と日本の戦争開始時の状況

軍事大国ロシアと日本の軍事力を簡単に比較すると、陸軍の常備軍はロシアの二〇〇万人に対して日本は二〇万人、予備軍を入れても三〇万人という状況で、圧倒的に軍事力の差があった。

一方日本で建艦一〇ヵ年計画がスタートした、日露戦争を始める八年前の一八八六年(明治二九年)の海軍の状況は、ロシアが一万トン以上の一等戦艦を一〇隻、六〇〇〇トン以上の戦艦および装甲巡洋艦を二八隻、計三八隻を保有していたのに対し、日本のそれと同クラスの保有艦船はゼロという有様で、全て六〇〇〇トン以下の艦船のみという惨めな状況であった。

当時の日本は国家支出の五〇%以上を軍備に回すという厳しい予算を実行して軍事力の

充実に努めており、国民もそれに耐え忍んだ生活を強いられていた。かかる努力をしても日本海軍が日露戦争直前までに揃えることが出来たのが一等戦艦六隻、巡洋艦六隻のみで未だ軍事力に歴然たる差があった。

当然日本政府および軍部首脳はとてもロシアとは戦争など出来ないとの消極的な考えを持たざるを得なかったが、逆にロシアの南下に危惧を持った民間有識者の意見とそれに便乗したメディアが新聞その他でロシアと開戦すべしと大々的に煽るとともに政府および軍部の弱腰を非難して攻め立てるという状況にあった。

日本にとって朝鮮全土をロシアに占拠されるのは、独立国日本の命運に関わる大きな問題であったので、ロシアの南進を何とか満洲で抑えるべく、一九〇四年（明治三七年）二月にロシアとの戦争を決断して国交断絶を通告した。その戦争開始にあたって日本の政府首脳および軍幹部が取り決めた方針と措置は下記の通りであった。

① この戦争を満洲の地で行って引き分けるか、あるいは六分の勝利を得た時点で、ロシアと対等な大国である第三国に仲介してもらって戦争の終結を実現させる。

② そのためにハーバード大学で当時のセオドール・ルーズベルト米大統領の学友であった金子堅太郎（後の伯爵）をアメリカに派遣して停戦の仲介依頼を指示した。ルーズベ

ルト大統領はこれを了承し、奉天会戦が終了した時点でロシアのニコライ二世に停戦の申し入れを行ったが、極東へ回航中のバルチック艦隊が勝利するとのことで、その時点ではロシアは受け入れず、日本海海戦でのロシア敗退後に再度申し入れた結果、ロシアは国内で革命発生の懸念もあったため停戦に同意し、米国ポーツマスで講和会議を行うことになった。

③　日本には当時戦費がなく、高橋是清蔵相を欧米へ派遣して外債発行による戦費調達を行った。当初はロシアの圧倒的軍事力を熟知している欧米諸国での公募は困難を極めたが、初戦の遼陽会戦や沙河会戦における勝利（ロシア軍の撤退によるやっとの勝利であったが）とあわせ、ロンドンで米国籍ユダヤ人のヤコブ・シフが公債の半額を引き受けてくれたため、その後の戦費調達を順調に行うことができた。

④　これはあまり知られていない事実だが、日露戦争の開戦前から児玉源太郎大将の密命を受けた明石元二郎大佐が当時の日本の国家歳入が一億五〇〇〇万円という時代に一〇〇万円という巨額の資金を支給され、ヨーロッパにおいてロシア帝政に不満を持つレーニンその他の分子を糾合して革命運動を起こさせる工作を行った。これが後にロシアが停戦を受け入れざるを得なくなった見えない多大な効果を発揮した。

なお日本が一九〇五年（明治三八年）三月に奉天会戦でやっと勝利を得た時点で、日本政府は未だ具体的な停戦作業を行っていなかった。当時の満洲派遣軍は既に砲弾が尽き、満足な補給を得るまでに一年以上が必要との状況にある一方、公主嶺まで撤退したロシア軍がシベリア鉄道による補充を得て軍備を整え、同年秋に南進したとすれば日本軍はまったく勝利する目途がなかった。満洲派遣軍の児玉参謀総長が急遽日本へ戻って、政府首脳と軍幹部に「このチャンスを除いてロシアとの停戦機会がない」と強く訴えたという。幸い同年五月に東郷平八郎司令長官率いる日本海軍が日本海海戦で大勝利を得たので、ロシアもやむなく停戦に同意し、日本は薄氷を踏む思いでの勝利を得ることができた。

ここで強調したいのは、日露戦争が日本国としてやむにやまれぬ状況に直面し、国家の興廃を賭けて開戦をせざるを得なかったことと、日本の政府首脳および軍幹部が戦争開始前からあらゆる手を打つとともに、六分の勝利を得た時点で第三国を介して戦争を終わらせねばならないと理解してそれを実行したことである。日露戦争では、戦争とは始めた以上、いつ終わらせるかが一番重要であるとの点を、日本政府および軍部の首脳のみならず、現地で実際に戦争をしていた軍幹部も十分に認識していたということをぜひ理解していただきたい。

㈢　大東亜戦争を引き起こした日本

一九三一年（昭和六年）九月一八日に瀋陽郊外「柳条湖」で発生した第二次満洲事変と称される鉄道爆破事件は、満洲に駐在した日本の関東軍が満洲全土の占領を目指した植民地獲得戦争であり、中国側から見れば「中国侵略戦争」と見なされても致し方なく、中国はこの日を「日本が中国侵略を開始した記念日」と規定している。

さらに一九三七年（昭和一二年）七月七日に北京郊外「盧橋溝」で日本の天津駐屯軍が夜間演習を行った際に誰が行ったか分からぬ発砲事件によって日中両軍の交戦があり、この報告を得て日本政府（近衛首相）は一一日に三個師団の派兵を決定した。同年八月一三日に上海で中国との交戦があり、それを契機として日中両国は本格的な戦争に突入した。

松井石根司令官率いる中支派遣軍は首都南京を陥落させ、さらに武漢三鎮まで攻め込んだ。南京での大虐殺を含め中国の一般国民は多大な被害を被っており、果たしてこれが日本の「正義の戦争」と認められるのか、その正当性を判断するのは難しい。しかし中国側は当然のことながら日本の侵略戦争とみなしている。

また一九四一年（昭和一六年）一二月八日に米英両国へ宣戦布告し、海軍がパールハーバー（真珠湾）を奇襲して大東亜戦争が始まったが、東條内閣はアメリカとの交渉中に既に開戦の日時を決定して秘密裏に海軍を真珠湾へ派遣していた。

結果として日本はハル米国務長官が日本へ示したハル・ノートを最後通牒と見なして開戦したが、ハル・ノートで示された条件とは、中国と仏印（現在のベトナム）からの軍隊の撤退と日独伊三国軍事同盟の破棄であった。東條内閣は日本国としてこの三条件を了承することは不可能であるとして、日本国自らの意志で米英両国との開戦を決定したのであった。

(四) 大東亜戦争は無謀無策であったのではないか

当時のアメリカは軍事大国であり、英国も本土は小さいが世界各地に植民地を有する大国であった。これに対して日本海軍は「一年間であれば対等に戦争は可能」との明確な意思表示を行い、真珠湾を奇襲してアメリカの海軍力を削減する具体案を出したが、陸軍からは戦力の比較はなく、いかに勝利するか具体案も出ていなかったという。

結果として海軍は一九四二年（昭和一七年）六月のミッドウェイの海戦で大敗して守勢に回らざるを得なくなり、陸軍はソロモン諸島のガダルカナルまで進出したが補給ができず、投入された三万六〇〇〇人の兵士のうち二万人以上が戦死し、その七割が餓死だったという。同様のことがインパール作戦でも起こっている。日本陸軍は日本から物資補給を考えず現地調達を主としたため、戦場となった中国本土や東南亜諸国で、日本軍の物資調達と称する略奪により、現地の国民が被った被害は筆舌に絶するものがあったと想定される。

一九四三年（昭和一八年）一一月に米英中の三国首脳がカイロで日本の戦後処理を打ち合わせたというのは、既にこの時点で日本の実質的な敗戦が明白であったといえる。かかる戦況にもかかわらず、日本は大本営発表を使って戦勝の報道を続けて戦争を拡大し、勝利なき戦争を一九四五年（昭和二〇年）の敗戦まで続けてしまった。

要は大東亜戦争を始めるにあたって、政府首脳や軍幹部がいついかなる形でこの戦争を勝利で終わらせるのか、あるいは勝利せずとも日本の面子が立つ形で終結できるのかの具体案を持っていなかったことが問題であり、さらに重要なことはハル・ノートで提示された三条件の拒否が、果たして日本国として国家の興廃を賭けて米英という大国と戦争をしなければならないほどの重要なことであったかの問題がある。

これが「日英同盟」を結ぶとともにアメリカに停戦仲介を依頼する工作を事前に決定し、さらにいつ戦争を収束すべきかを政府首脳と軍幹部が全て納得して行った日露戦争との大きな違いである。この違いを認識すると、東條内閣が起こした大東亜戦争がまったく無謀無策であったと推論せざるを得ない。

なお一説によれば開戦時のフランクリン・ルーズベルト米大統領は、暗号解読により日本の開戦と日本海軍の真珠湾奇襲を事前に承知して航空母艦全てを避難させており、国交断絶の書類提示のために申し入れた野村吉三郎駐米大使との面談をわざと遅らせ、日本海軍の真珠湾奇襲を確認してから受け取ったという。それによって「日本は卑怯にも事前の宣戦布告なしで真珠湾を奇襲した」として、アメリカ国民の反日感情を大いに煽り、国民総決起を促して日本との戦争に入ったという。

これは「勝てば官軍」で、勝利したアメリカからこの事実の確認を得ることは不可能だが、その可能性は十分に考えられる。現地時間の二〇一六年（平成二八年）一二月に安倍晋三首相がオバマ大統領と真珠湾の慰霊参拝をされた際に、アメリカの国内から「安倍首相は日本の真珠湾攻撃を公式に謝罪すべき」との論が出たのはこれに起因している。

第四章　日本はなぜ終戦を早めることが出来なかったのか

第二次世界対戦について唯一明白に言えることは、一九四五年（昭和二〇年）八月五日以前に日本がポツダム宣言を受諾していれば、八月六日の広島への原爆投下および九日の長崎への原爆投下とソ連参戦がなかったという事実である。連合国のポツダム宣言は同年七月二六日に出されており、もしという仮定ではあるが、それを即時、要は七月末までに受諾していれば、その時点で戦争は終わっており、これは否定できない事実である。

二〇一二年（平成二四年）八月にNHKが「終戦　なぜ早く決められなかったのか」という特番を放映した。実際に日本は終戦を早めることが出来たのか、またポツダム宣言を受諾する決め手となったのはアメリカの原爆投下なのか、あるいはソ連の参戦なのかを、当時の日本国内の実情とあわせ、一九四五年二月の米英ソ三国首脳によるヤルタ会談からポツダム宣言受諾までの経緯を見ることで検証したいと思う。

(一)「天皇は神聖にして犯すべからず」という当時の日本の実情への認識

現在の日本の方には理解できないであろうが、当時の日本の一般国民は天皇の神聖化と軍国主義教育により、「天皇に対する無私の忠誠心」を持っていたというのが事実である。

明治維新の際に明治天皇が基本政策として出された五箇条の御誓文の第一条に「広く会議を興し万機公論に決すべし」とあるように、明治維新を経て近代化を目指した日本の政治基盤は立憲君主制民主主義国家であった。

しかし、一八八九年（明治二二年）に施行された大日本帝国憲法では第三条に「天皇は神聖にして侵すべからず」、第四条に「天皇は国の元首にして統治権を総攬し、この憲法の条規に依り之を行う」との規定があり、この解釈を巡って一九三五年（昭和一〇年）に国体明徴論が討議された。

美濃部達吉東大教授は、日本の統治権は国家である法人に属し、天皇はその最高機関であるという「天皇機関説」を唱えたが、軍部や右翼国粋主義者が唱えた国家の統治権は天皇にあるという「天皇統帥論」に負けて、日本は天皇が統治する国との解釈が国是となった。これによって天皇が日本国の絶対的統帥権を持ち、内閣および軍部が並列してその下に存在するとの解釈になったため、天皇の統帥権を軍部が乱用すると政府はそれを阻止することが出来なくなってしまった。

既に説明したように、昭和天皇がご自分の意見として命令を出されたのは、田中義一内閣での第一次満洲事変の場合のみであった。昭和天皇は東條英機首相に対して大東亜戦争を極力避けたいとのご意向は示されたが、戦争を避けるべしとの命令は出されていない。東條内閣が戦争開始を決定したため、これを裁可して「開戦の詔勅」を出された。かかる当時の事情をまず理解しなければならない。

(二) 敗戦の決断は昭和天皇にしか出来なかった

敗戦当時の日本の最高指導機関は「御前会議」と称する昭和天皇ご臨席のもとで開催された「最高戦争指導会議」で、そのメンバーは総理大臣(鈴木貫太郎)、外務大臣(東郷茂徳)、陸軍大臣(阿南惟幾)、海軍大臣(米内光政)、陸軍参謀総長(梅津美治郎)、ならびに海軍軍令部長(豊田副武)の六名であった。

鈴木内閣は一九四五年(昭和二〇年)四月七日に昭和天皇の「終戦」との内意を受けてスタートした。鈴木内閣は早速中立条約を締結していたソ連を介して終戦の打診を行ったが、ソ連はヤルタ秘密協定で対日戦争参加を決定しており、当然これは無視された。

NHKの特番によれば、次が中国派遣軍を日本へ呼び戻し、本土決戦を有利に展開した上で終戦交渉に入るとの方策であり、梅津参謀総長が中国へ飛んで現地を視察した結果を六月一一日に昭和天皇へ直接「中国への派遣軍は壊滅状態にある」と報告した。この報告後の六月二二日の御前会議での昭和天皇の終戦の諮問に対し、全員が「矩を越えず、火中の栗を拾わず」とのことで何ら具体的結論を出さなかったので、NHKの解説では「これが最後のチャンスだったが、現実を直視する勇気が欠如していた」と評していた。

しかしこの六月二二日は沖縄敗戦の前日で、軍部とメディアが「最後は本土決戦、一兵たりとも生きている間は戦争を継続する」とまだまだ強気で戦争継続を煽っており、当然この御前会議では沖縄敗戦と本土決戦が話題の中心になったと思われ、天皇の終戦についての諮問に対して、とても「白旗を揚げて降伏する」などと言える雰囲気でなかったことは十分に理解できる。ただこの唯一のチャンスを逃したのは誠に残念というほかはない。

鈴木首相は八月一〇日の最後の御前会議に通常のメンバー六名とあわせ、政府と軍部の主要関係者全てを参加させ、その全員にそれぞれ個人的意見を表明させたという。当然陸海軍の幹部は戦争継続の強い意志表明を行った。その上で鈴木首相が全員の意見がこのように異なるのでぜひ昭和天皇のご意見をいただきたいと強く要請し、昭和天皇のご意志として、自らの口から「ポツダム宣言を受諾する」との英断を下された。

統帥権を持たれる天皇が口にされた決断は絶対命令と同義語であり、陸海軍の最高幹部も黙して了承せざるを得なかった。鈴木首相が国家の主要な関係者全てを集め、それぞれに意見を開陳させた配慮のポイントが、昭和天皇自らの最終的決断を得るためであったと思われる。

㈢ ポツダム宣言を即時受諾できなかった日本

当時モスクワ駐在の佐藤駐ソ大使から直ちに受諾すべきとの連絡があったが、軍部の反対が非常に強かったため、鈴木内閣はポツダム宣言を「検討する」と言わず「黙殺する」と発表せざるを得なかった。この「黙殺」が英語で「リジェクト＝拒否」と訳されて、アメリカの原爆投下とソ連の参戦に繋がってしまった。「ネグレクト」と訳されても結果は同じであったであろう。

戦争も末期となっていたが、沖縄を犠牲にしてでも本土決戦を行うという軍部、特に陸軍の強い方針があり、鈴木内閣がポツダム宣言に対して「検討する」という言葉も出せないほど、陸軍参謀本部を中心とした陸軍部内に戦争継続の強い意思があった当時の事情を承知する必要がある。

参考ながら、ポツダム宣言の受諾を恐れた陸軍の中堅幹部が阿南陸相を押し立ててクーデターを行い、天皇を軟禁するとともに、鈴木首相、木戸内相、東郷外相、米内海相らを武力を用いて隔離し、あくまで戦争を遂行すると企図したが、梅津参謀総長が宮城内へ兵命令書を作って宮城内へ入るという実際行動があったことを申し添える。ることを考え、森赳近衛師団長へ決起を要請したが拒否され、森赳師団長を射殺して偽の受諾決定後に、陸軍省軍務局の中堅幹部が戦争継続のため近衛師団を使って宮城を占拠す隊を動かすことを認めず、実行できなかった経緯があり、また八月一四日のポツダム宣言

㈣ アメリカの原爆投下の是非

現在アメリカの原爆投下は非人道的行為であったと言う日本国民が多い。元来戦争とは新兵器の開発競争であり、日本軍の七三一部隊（石井軍医中将）が中国で実際に何をしたかを承知した上で発言すべきであろう。日本が原爆の開発を進めていたのは公知の事実であり、もし日本にウランが存在し日本が原爆を先に開発していたら、日本がそれを人道的に使っていたか否かは大いに疑問とするところである。

またオバマ大統領の広島訪問の際に、原爆投下について謝罪すべきと言った日本人がいたことを掲載したメディアがあったが、オバマ大統領は広島を訪問して原爆犠牲者を慰霊された初めての米大統領であり、かかる発言は礼を失したものと言わざるを得ない。

日本が始めた大東亜戦争で実際に「本土決戦」という事態になっていたら、アメリカ軍にも多大な犠牲出たことは必至であり、アメリカ側としてもその犠牲を減らすためにいか

なる手段でも採る必要があった次第で、かかるアメリカ側の事情も考慮する必要がある。当時アメリカが開発した原爆は二発のみで、広島へ投下したのがウラン型、長崎へ投下したのがプルトニウム型であった。その威力を実際に把握するために、それまで空爆の被害がなかった広島や小倉を対象としたものであり、その候補地の中に京都までも含まれていたという。なお長崎に投下されたプルトニウム型は、当初小倉を目標としていたが天候が悪く長崎へ投下したとのことである。

日本政府および軍部首脳はこの最初の二発を警告と考え、三発目は東京が狙われるとして、本土決戦に備えるためにも昭和天皇および大本営を内陸部へ移す計画を進めていた。アメリカは三週間あれば原爆の量産体制が採れる状況にあったので、日本が本土決戦を絶対に遂行するとしてポツダム宣言の受諾を拒否していたら、アメリカ軍は本土上陸作戦の被害を最小限に押さえるため、日本の主要都市が八月末頃から次々と原爆の被害を被っていたであろうことは否定できない。

なおアメリカはドイツがソ連と二分割されたことを考慮し、ソ連が参戦したら日本でも同様なケースが起こることを恐れ、ソ連の参戦前に何とか日本を降伏させたいと判断して原爆投下を早めたとの説もあり、これは十分にあり得ることだったと思う。

(五) ソ連参戦のみでは日本との終戦は早められなかった

ソ連はヤルタ秘密協定でドイツ降伏後三ヵ月以内に日本への参戦を約束しており、その期限であった昭和二〇年八月九日(欧州時間八日)に日本へ宣戦布告をして満洲へ侵攻した。さらに日本降伏後の八月一八日に千島列島最北端の占守島へ攻め込んだが、守備をしていた第九一師団の奮闘で二一日まで守り切った。日本が既に一五日に降伏していたので、それ以南での戦争は行われなかった。かかるソ連の侵攻は無法なものだが、ヤルタ秘密協定で米英両国は千島列島割譲をソ連に了承していたので、ソ連自身は千島列島占領を当然なことと判断し、まず占守島の占領を目指したのかもしれない。これは終戦時の判断として難しい点である。

ヤルタ秘密協定でソ連の参戦は決まっており、日本軍部が強く「本土決戦」を主張していた当時の状況から判断して、もし原爆投下がなくソ連の参戦のみであったら、千島列島占守島の例もあり、日本は間違いなく米ソ両軍と本土決戦に踏み込んでいたと思われる。

終戦が後一ヵ月遅れただけでソ連軍は千島列島沿いに急速に南下して北海道へ攻め込んでいたであろうし、北海度を占領して本州の東北地区まで侵攻していた可能性もある。当然関東地区と九州へのアメリカ軍の侵攻もあり、結果として日本全土が焦土と化し、ドイツと同様に、アメリカを中心とした連合軍とソ連軍による二分割された占領となって、たいへん惨めな戦後の状況に陥っていたことが想定される。

結論として言えるのは、昭和天皇自らの口から「敗戦を認めて降伏する」と発言されない限り戦争を終わらせることが出来なかった当時の日本の実情を勘案すると、八月一〇日の御前会議がぎりぎりの限度であり、それ以前に敗戦の決定をすることは極めて難しく、鈴木首相がいろいろと配慮されたご苦労はたいへんなものがあり、鈴木内閣はベストを尽くされたと言うべきであろう。

第五章　日中関係悪化の元凶は江沢民の「愛国運動」

――中国共産党に利用される日本首相の靖国神社参拝

中国政府は日本首相が靖国神社参拝を行う都度公的な抗議を行っており、最近では政府首脳の参拝にも抗議を行うようになった。日本側はその理由を「靖国神社にA級戦犯が合祀されたため」と理解しているが、それはあくまで中国政府による表向きの理由であり、実質的には中国共産党政府が靖国問題を一党独裁政権を維持するための国内的道具として使っているのであって、決して日本への内政干渉ではないと理解するのが正しい。その元凶は江沢民が提唱した「愛国運動」であり、日中関係悪化の経緯とあわせて説明する。

日中友好関係は胡耀邦時代に最高に達したが、その基は一九七二年（昭和四七年）九月に田中角栄首相が大平正芳外相と訪中して日中国交正常化を図った時に開始された。当時の中国はロシアと戦争を起こすほど関係が悪化しており、毛沢東主席と周恩来総理は「敵の敵は友」として同年二月に米国ニクソン大統領の訪中を実現させ、次いで日本との国交回復に狙いをつけた。毛沢東は「中国共産党が中華人民共和国を建国できたのは、日本が国民党と戦ってくれたお蔭である」と口にするほど日本に好意を持っており、日中国交の早期実現を願っていたという。

田中首相が自民党総裁選で日中国交回復を公約に掲げて勝利したのを好機として、中国側からの呼びかけもあって田中首相の訪中が実現した。当時の中国国内は、まだまだ日本の侵略戦争に対する国民の反感が強く、多額の賠償金の支払いと侵略戦争に対する深甚の謝罪表明がなければとても国交回復など出来ない雰囲気にあった。

毛沢東と周恩来は「中国は日本の一部軍閥が起こした侵略戦争の被害者であり、現在の日本国民もその戦争の被害者である。その被害者同士が友好往来を樹立するために国交回復をするのであり、戦争の被害者である現在の日本国民から賠償金など取れない」という、戦争を起こした一部軍閥とその戦争の被害者である日本国民を分けた「二分論」を作り、非常に長い時間をかけて中国国民への説得工作を行った。

当時の日本は台湾（中華民国）との国交があり、自民党内に岸信介、佐藤栄作両首相以下の親台湾派が多く、さらに昭和天皇へ戦争責任が及ばない配慮をする必要があったので、侵略戦争に言及した謝罪と賠償金の支払いを条件とされたのでは、田中首相も中国との国交回復などできない状況にあった。中国側がかかる日本が抱える問題を理解して十分な配慮を行ったため、一九七二年（昭和四七年）九月の国交正常化が実現したもので、当時は中国側の方に日中国交回復の希望が強かったことが理解できる。

一九七八年（昭和五三年）八月に日中平和友好条約が締結され、鄧小平副総理が批准書を携行して来日し、パナソニック（当時の松下電器産業）その他の近代化された諸企業を参観するとともに、松下幸之助会長へ中国への企業進出を要請した。その結果として同年一一月に「従来の自力更生路線と決別し、改革開放路線へ転換する」という鄧小平路線が打ち出され、日本企業の中国進出が実現して日中友好関係が飛躍的に発展した。

しかし、胡耀邦時代に最盛期に達した日中友好関係も、一九八九年六月の第二次天安門事件で失脚した趙紫陽の後任となった江沢民が、日本の中国侵略戦争に的を絞った「愛国運動」を発動して以来、日中関係は悪化の一途を辿り現在に至っている。その陰には江沢民が小泉首相の靖国神社参拝をうまく利用して中国国民の反日感情を煽り、その愛国心を収攬することで共産党一党独裁政権の維持を図った意図とその経緯を理解する必要がある。

(一) 中国は靖国神社へ合祀されたA級戦犯をどう見たか

中国政府の日本首相の靖国神社参拝に対する公的抗議について、日本は「中国との戦争を起こしたA級戦犯が合祀された靖国神社への参拝に対する抗議」とし、「内政干渉」と理解している。確かにその通りだが、「中国と戦争を起こしたA級戦犯」と言うのは日本側の見解であり、中国側からみれば「中国への侵略戦争を起こしたA級戦犯」であり、この認識の差が非常に大きく重要である。

戦後も昭和天皇ならびに歴代首相の靖国神社参拝が行われており、最多は佐藤栄作首相の一一回であった。主として春秋恒例祭の時であるが、三木武夫・福田赳夫両首相は八月一五日にも参拝している。

A級戦犯一四名が「昭和殉難者」という名目で靖国神社へ合祀されたのは、一九七八年(昭和五三年)一〇月一七日であり、昭和天皇は合祀後の参拝を止められたが、その後も大平首相が三回、鈴木善幸首相が八回、中曽根康弘首相が一〇回参拝している。

中国側が日本首相の参拝に対して初めて公的抗議を行ったのは、中曽根首相が一九八五年(昭和六〇年)八月一五日に行った一〇回目の参拝の時である。その理由は中曽根首相が事前に「日本首相として終戦記念日に公的参拝すること」を公的に表明し、日本のメディアがA級戦犯が合祀されている靖国神社へあえて八月一五日の終戦記念日に首相として公的に参拝する行為について賛否両論を交えて大々的に報道したためである。

事の重大さを認識した中国政府は、同年八月に訪中した田辺誠書記長を団長とする日本社会党訪中団に対し、二七日に姚依林副首相、二八日に胡耀邦総書記、二九日に鄧小平党顧問委主任がそれぞれ公的に抗議するとともに、九月七日の長田裕二を団長とする自民党田中派訪中団に対して彭真全人代委員長が公的に抗議を行った。そしてこの際に決定した非常に重要な点は、中国政府が国交正常化の際に理由とした、中国侵略戦争を起こした「日本の一部軍閥」を、「靖国神社に合祀されたA級戦犯」と具体的に表現したことであった。

鄧小平顧問委主任、胡耀邦総書記兼国家主席、姚依林副首相、彭真全人代委員長が抗議したということは、日本で言えば天皇陛下、総理大臣、衆参両議院議長が顔を揃えて抗議したことと同意義であり、当時の中国共産党政権にとってこれがいかに重要なことであったかを日本側として認識し、理解する必要がある。

中国政府は「二分論」で中国国民を納得させ、賠償金なしで国交正常化を行ったが、その際に中国侵略の元凶とした「一部軍閥」、即ち「A級戦犯」が合祀されている靖国神社へ八月一五日という重要な記念日に日本首相に公的に参拝されるのは、中国政府の立場としては中国国民に対する大きな面子の失墜であり、公的抗議をせざるを得なくなった事情を我々日本人は理解する必要がある。これについて当時の中江要介駐中国大使がテレビで「最大の親日家であった胡耀邦が、これだけは自分としても如何ともすることも出来ない」と吐露されたと述べていることからも、中国政府が直面した厳しい状況を理解できる。

このことは当然外務省経由で中曽根首相へ伝えられたはずであり、中曽根首相は「他国の方が不愉快に感じるのであれば靖国神社参拝を止める」と述べてそれ以降の参拝を中止された。中曽根首相のかかる表現での参拝中止に対して、日本国内で多くの批判が出たが、中曽根首相は日中友好関係維持の重要さと中国政府首脳の日本首相の靖国参拝に抗議せざるを得ない事情を重々認識したので、あえてかかる表現で参拝を中止されたと思われる。国際外交面での重要なことは、かかる「大人の対応」であることを認識する必要がある。

日本の政府関係者は、首相の靖国神社参拝に対する中国側の公的抗議を「日本に対する内政干渉」と称しているが、中国政府としては「中国国民に対する面子上の重要な国内問題」であり、その立場上抗議せざるを得なかったことを十分に理解する必要がある。かかる経緯を通して中曽根首相と胡耀邦総書記の関係が極めて親密化されたと仄聞《そくぶん》している。

(二) 反日感情を利用した江沢民総書記の「愛国運動」

中国政府にとって、共産党の一党独裁体制の維持が最大の命題である。第二次天安門事件後に鄧小平から突然総書記に抜擢された江沢民には、共産党を率いて中国を統御する能力もカリスマ性も全くなかった。そこで中国国民を自分の指導下にまとめるために考え出したのが、日本の侵略戦争に的を絞った「愛国運動」と称する政策であった。一九九四年（平成六年）に「愛国主義教育実施要綱」を制定し、小学校から大学まで一貫して愛国主義教育を徹底するよう指示した。

この運動の主眼点は「中国国民が愛国心を持って一致団結しなければ、過去に日本の侵略戦争を受けたように外国からの侵略を受ける」とした主張であり、中国各地に日本の侵略戦争を題材とした「抗日記念館」を設置して、侵略戦争当時の日本軍の残虐行為を大いに宣伝した。

中国側からの強い公的抗議を受けて中曽根首相が参拝を中止された後、その後の歴代首相（竹下、宇野、海部、宮沢、細川、羽田、村山各首相）はいずれも参拝を見送っていたが、一九九六年（平成八年）七月に橋本龍太郎首相が参拝を行って、中国側から大々的な公的抗議を受けた。結果としてこれを一番喜んだのは「日本首相の靖国神社参拝が愛国運動の武器として大いに使える」と理解した江沢民であろう。

そして愛国運動の拡大と徹底のために大々的に利用されたのが小泉純一郎首相の靖国神社参拝であった。江沢民が総書記を退任した二〇〇二年（平成一四年）一一月まで小泉首相は二回の靖国神社参拝を行っており、江沢民はその都度大々的に官製の反日デモを発動して中国国民の愛国心を煽り、中国国民の心の中に反日思想を徹底させた。

その結果として「反日行動」であれば何事も政府方針に沿うとして、一部の中国国民による日本進出企業に対する工場や店舗の破壊、あるいは日本商品の破壊や略奪のような無法な暴挙も免罪されるとした「愛国無罪」と称する言葉まで生まれた。江沢民が「愛国運動」を起こして中国国民に反日思想を徹底させたことは、日本が戦時中に「鬼畜米英」と称して反米英思想を煽った軍国主義教育を想起させる。

実際、現在の中国でも親日的な方は多くおられるが、その方が人前で親日的な言葉を全く言えない雰囲気を醸成している。中国では小学校の一年生から徹底した「反日教育」が行われている。日本人との交流がない中国国民の頭の中にいかに強く「反日思想」が徹底されているかを理解していただくため、千葉県の桑村益夫さんが国際交流基金の機関紙『遠近』に投稿された「中国の少女との短い会話」を同氏の了解を得て「資料1」として本章末に添付するので参照していただきたい。

(三) 日中友好関係の回復を望んだ胡錦濤総書記

胡錦濤は鄧小平が存命中に指名した江沢民の後任総書記であり、江沢民自身が選んだ後任者ではなかった。これは胡錦濤の時代に、江沢民が総書記時代に築いた人脈による江沢民派（以下「江派」と称す）と胡錦濤が育った共産主義青年団の派閥（以下「団派」と称す）」との間に非常に対抗した派閥闘争が存在していたことを意味する。

胡錦濤は親日家の胡耀邦が育てた共青団出身の人材で、胡耀邦が一九八四年一〇月の建国三五周年記念に日本人学生三〇〇〇人を北京へ招待した時の事務局を担当した親日家であった。二〇〇〇年代初頭にドイツその他が国連安保理の常任理事国入りを策し、日本も名乗りを上げた時に、胡錦濤はアジアからも常任理事国を出すべきとして、日本の安保理常任理事国入りを暗黙裏に支持していたという。

小泉首相は胡錦濤が総書記に就任後の二〇〇三年（平成一五年）一月と二〇〇四年（平成一六年）一月に靖国神社参拝を行って中国国民の多大な反感を買った。その結果が具体的に現れたのが二〇〇四年七月の重慶におけるアジア・サッカーでの、日本チームとの試合における中国人観衆の暴動であった。次いで二〇〇五年（平成一七年）初めに、中国各地で日本の国連安保理常任理事国入りを反対する署名運動が起こった。それにあわせてまず四川省成都市の日系スーパーに対して暴動が起こり、北京大使館や上海総領事館、そして日本の進出企業や店舗が襲撃されるという暴徒化した大規模なデモ運動になり、当然日本の国連安保理常任理事国入りも中国に拒否権を行使されて実現しなかった。

このように中国国内で反日姿勢が強まる中で、日本ではあまり注目されなかった、胡錦濤が日本との友好関係回復を求めて行った演説がある。それは二〇〇五年（平成一七年）九月三日の「抗日戦争勝利六〇周年記念日」に人民大会堂で行った演説で、共産党総書記兼国家主席である胡錦濤が名実ともに中国を代表した国家元首として示した公式見解であり、その意義と重みは非常に大きい。本演説は当然中国国民を対象として行われたものだが、対外的には阿片戦争以来の欧米諸国の中国侵略を総清算したというべき重要な演説でもあった。我々はその演説の裏に、親日家であった胡錦濤が、日本の小泉首相に対して靖国神社参拝だけは止めて欲しいと求めるメッセージが含まれていたことを理解する必要がある。中国語の漢字でA４判一四頁にわたる大演説であり、その主要点のみを下記して、要約したものを「資料２」として章末に添付する。

① 一九世紀以来の中国侵略国家であったロシアを含めた欧米諸国に対して過去の侵略に一切触れず、日中戦争での中国に対する各種支援を具体的に例を挙げて感謝の意を示した。日本人の中には、中国が日本の侵略戦争のみを問題として、なぜ過去の欧米露諸国の中国侵略に触れないのかとの疑問を呈する方が多い。これがその疑問に対する現在の中国政府の公式回答と言えるであろう。

② 抗日戦争をともに戦った台湾の国民党について、国民党は常に前線にあって日本軍と戦い、共産党は後方戦線を担当したことを国家元首として初めて公的に表明して、国民党に感謝の意を示した。ただし、台湾の独立は絶対反対との意思表示をしている。

③ 日本の侵略戦争については、明治時代の台湾侵犯から始め、盧溝橋事件によって起

こった日中全面戦争まで詳しく触れている。詳細は添付資料を参考していただくとして、中華人民共和国の建国に至るまでに中国に残留して協力してくれた日本人、日中国交正常化が実現する以前に日中往来と交易に尽力をしてくれた日本人、そして日中の経済関係発展に尽力してくれた日本人に対してそれぞれ感謝の意を表明している。

④その締め括りとして特に強調したのが「現在日本における一部勢力が、日本の起こした侵略戦争の本質と犯罪行為をかたくなに認めず、歴史により〝屈辱の柱〟に打ち付けられたA級戦犯の亡霊を呼び戻そうとしている。これは既に日本政府が歴史的事実として受け入れ、承認した認識に違反するのみならず、日中関係の政治的基盤に背き、中国および関係するアジア諸国の国民感情を深く傷つけるものである」との点である。

この「日本政府が歴史的事実として受け入れ、承認した認識」とは、一九五一年九月にサンフランシスコで締結された対日講和条約で、連合国側が「平和に対する罪」としてA級戦犯を裁いた極東国際軍事裁判を日本国が正当なものとして認めたことを指している。

⑤我々日本人にとってここが胡錦濤演説の一番重要な箇所であり、本演説は中国国民に対して行われたものだが、胡錦濤がこの演説を媒介として日本政府に対してぜひ伝えたかった意図は下記二点であったと思われる。

＊胡錦濤は江沢民の愛国運動で悪化した日中関係をぜひ自分の時代に是正して、胡耀邦時代のよい日中関係に戻したいとの強い意志があることを日本へ伝えたかった。

＊中国では「靖国神社へ合祀されたA級戦犯」が中国侵略戦争の象徴的責任者とされており、小泉首相の靖国神社参拝が中国国内で江沢民の「愛国運動」に大いに利用され、日中関係悪化の原因となっている。胡錦濤はこのメッセージを介して小泉首相に靖国神社参拝を中止するよう暗に伝えたかった。

㈣　日中関係をさらに悪化させた小泉首相

胡錦濤のメッセージを理解しなかったのかあるいは無視したのか、小泉首相はその演説に反発する意思を見せるようにあえてその翌月の二〇〇五年一〇月一八日に靖国神社参拝を行った。これによって中国国内で大々的な官製デモが起こり、胡錦濤がそれまで抑えていた抗日記念館六〇ヵ所の新設が許可され、抗日記念館が一挙に二六〇ヵ所に増えたという。なお小泉首相がその翌年八月一五日に参拝を行ったため、七月七日の盧溝橋事件と九月一八日の柳条湖鉄道爆破事件の日を「抗日記念日」として国家記念日に規定されてしまった。

中国には「桑を指して槐を罵る（指桑罵槐）」という格言がある。これは直接それとは言わずに別の表現をしてその真意を伝えるという方法であるが、中国人であれば当然この演説の趣旨を十分に理解できたので、演説後の一〇月に行った小泉首相の靖国参拝をチャンスとした江派はますますその発言力を増し、胡錦濤を「親日派」よりさらに厳しい「媚日派」と称して団派に対する圧力を強めたという。

(五) 江派が勝利し習近平を総書記として政治局常務委員会を制した

中国では共産党総書記と党政治局常務委員会を押さえるのが政治権力を取る道であり、二〇〇七年(平成一九年)一一月の第十七期党大会を前にして江派と団派が熾烈な駆け引きを行っていた。小泉首相の靖国参拝で団派は徹底的に劣勢に立たされ、同年八月に共産党の長老と政治局常務委員が河北省の避暑地の北戴河会議で、江沢民の鶴の一声により、それまで下位に甘んじていた習近平が李克強を上回る政治局常務委員に抜擢された。

さらに胡錦濤を支えていた令計画党中央弁公庁主任のドラ息子・令谷が二〇一二年三月に起こした事故(北京市四環路でフェラーリにチベット人女性二名を同乗させた令谷が、スピードの出し過ぎで壁に衝突して同乗者を含め死亡したもので、令計画がその隠蔽工作を公安のトップであった江派重鎮の周永康に頼み、胡錦濤へ報告していなかった)について、同年八月の北戴河会議で江沢民がこれを披露し、何も知らない胡錦濤は一切抗弁出来ず、絶対的優位に立った江沢民が、同年秋の第十八期党大会において、習近平を総書記に、そして政治局常務委員七名中、団派は李克強ただ一名、当時は習近平も王岐山も江派と見なされており、残り六名全てを江派が占めるという江派の完勝となった。しかし、院政を目論んで習近平を総書記に引き上げたことが、その後に江沢民にとって大きな誤算となってしまうが、この点は別章で述べることとする。

なお令谷の自動車事故は、北京の四環路という通常道路での事故であり、令計画を失脚させるため江派が公安と組んで仕掛けたものと囁《ささや》かれているという。英国ダイアナ妃の事件の裏の話と似ている点が興味深い。

資料1　「中国少女との短い会話――中国との草の根の友好促進を」

（国際交流基金・機関紙『遠近』二〇〇六年一〇号掲載）

２００４年のクリスマスイブのこと。滞在していたホテルのがらんとしたレストランで一人、食事をしていると、クリスマスイベントに来たらしい小学1～2年のかわいい少女が私のテーブルに近づいて来ました。

「誰といっしょに来たの？」、「いくつになったの？」と他愛のない話をしていると、突然、少女が真顔になって、「日本人は戦争のときに中国へ来て中国人をいじめたので、〝日本鬼子〟と怖がられた悪い人たちだと教わったけど、オジイチャンはそうじゃないみたいね」と言って立ち去りました。中国では小学校から戦時中の日本の侵略についての教育があると聞いていましたが、実際に少女の口からそれを聞かされ、胸を突かれると同時に、彼女との会話を通じて、日本人は「鬼子」ではないようだと分かってもらえたことに安堵しました。このような草の根の交流を通してこそ相互の理解が深められるのだということを実感しました。

余談になりますが、我々戦争中に小学校に入学した世代は、「鬼畜米英」と教え込まれ、アメリカ人やイギリス人には角が生えていると信じたことがありました。敗戦後に日本に上陸したアメリカ兵に角は生えておらず、チョコレートをくれるやさしい兵隊さんでした。
私はこの少女との出会いをきっかけに、滞在した浙江省湖州市（大湖南岸）の市立第二中学校とわが市川市立第二中学校との間で草の根の交流をしたいと考え、『市川二中五十年史』を先方に届け、先方の校長先生から湖州二中（現在、十二中に校名変更）の100年以上にわたる歴史を紹介する資料とともに、ぜひ交流を推進したいという礼儀正しく誠意のこもった手紙をいただきました。すでに寺嶋捷夫校長先生に翻訳してお届けし、現在、交流の進め方を探っています。

桑村益夫（千葉県）

資料2　抗日戦争勝利六〇周年記念日における胡錦濤国家主席の演説の要約

中国の胡錦濤総書記兼国家主席が二〇〇五年（平成一七年）九月三日の「抗日戦争勝利六〇周年記念日」に人民大会堂で演説を行った。日本のメディアは日本の侵略戦争が主題であったためか小さな報道であったので、いかに日本の戦争を評価したのか詳しく知りたいと思ってインターネットで演説の全文を取り付けた。

驚いたことにその演説は漢字のみのA4判で一四頁にのぼる膨大なものであった。以下その要旨を七項目にまとめて要約したが、「㈥　日本の歴史認識への言及ならびに日中関係の評価」および「㈦　日本に対する希望表明」については詳しく述べることとした。

㈠　抗日戦争の新しい位置付けと評価

九月三日は中国人民の抗日戦争勝利記念日であると共に、世界の反ファシズム戦争の勝利記念日であり、日独伊三国が起こした全世界規模のファシズム戦争において東方における主戦場を中国が受け持った。

抗日戦争は中国の歴史上かつてないほどの深刻な侵略戦争であり、全中華民族の危機意識と使命感を喚起し、重要性を覚醒し、幅広く人民を動員し、鞏固《きょうこ》な意思を持って戦闘した結果として勝ち得た偉大な勝利である。

中国は封建政治の腐敗の束縛により一八四〇年代ころからしばしば帝国主義列強各国の侵略を受け、我々の抵抗は都度失敗していたが、中国を滅亡させるという日本の軍国主義意図を徹底的に粉砕したことは、近代に入って起こった外国侵略における屈辱的歴史を全面的に改変したものである。この中国人民による抗日戦争の勝利は、中華民族が外敵の侵略に対して初めて完全勝利を収めた民族解放戦争である。

抗日戦争の偉大な勝利は中華民族全員が団結して奮闘した結果であり、また中国人民が反ファシズム諸国の人たちと肩を並べて戦闘した結果である。中国人民は抗日戦争で勝利を収めたことに誇りを感じるとともに、世界各国の国民と力を合わせて反ファシズム戦争に偉大な勝利を収めたことを誇りとしている。

(二) 国連における中国と今後の中国の方向性

中国は国連の設立に参画し、安保理の常任理事国となり、中国の国際的地位と国際的影響力を顕著に高めている。我々は国連が合理的かつ必要な改革を進めることを支持し、国連の権威と効率を高め、発展途上国の国連での代表性の具現化を進め、さらに連合国および安保理が世界平和の維持のため共同して発展促進する上で積極的作用を発揮して行きたいと考える。

歴史は武力による国家利益の獲得や他民族を犠牲にして自分の利益を獲得するやり方を一切認めていない。我々は平和、発展、協力を旗印として、平和と発展の道を進まねばならない。人類の発展進歩、民族の繁栄富強は平和と発展の道を進まねば実現することは出来ない。中国人民は近代に入って戦争の苦しみを十分に味わい、平和の貴さを深く認識している。中国は独立自主の平和外交を通じて全方位の対外開放政策を推進し平和五原則の基礎に立って世界各国と広範囲な経済技術協力および科学文化交流を展開する。覇権主義は決して採らない。中国人民は世界各国の国民と共に人類の平和と発展という崇高な責務を推進し、人類のために大きな貢献を果たすべく努力する。

(三) 一九世紀以降の中国侵略国家である欧米ロ諸国への新しい評価

中国人民の抗日戦争の勝利は、世界全ての平和と正義を愛する国家と人民、国際組織および数多くの反ファシズム人士の同情と支持なくしては語れないものである。

ソ連は非常に早い時期から中国人民の抗日戦争へ貴重な援助を提供してくれた。アメリカも抗日戦争に多大な支持を与えてくれた。英国、フランスなどの国家も中国へ経済援助あるいは軍事協力を提供してくれた。朝鮮、ベトナム、カナダ、インド、ニュージーランド、ポーランド、デンマークそしてドイツ、オーストリア、ルーマニア、ブルガリア、日本などの反ファシズム戦士は直接抗日戦争に参加してくれた。戦争末期にはソ連が中国の東北戦場で中国の軍民と一緒に対日戦争に参加して日本侵略者に対する徹底的打破を加速してくれた。

我々は中国に対して抗日戦争の道義面および物質面で支持していただいた国家ならびに国際的友人のことを決して忘れない。南京大虐殺とその他の惨状下で中国難民に対して提供された外国の友人の援助、中国の軍隊と共に肩を並べて戦い、中国へ戦略物資を運ぶためにヒマラヤ越えのたいへんな危険を冒したアメリカのフライング・タイガー隊のこと、万里の遠方よりはるばる中国へ来て傷病者を救っていただいた外国の医者の方々のこと、中国の抗日戦争の業績について真実の報道と宣伝を行っていただいた外国人記者のこと、中国の抗日戦争の勝利のために心血を注いでくれた外国の軍事顧問やその他の方々のこと、これらの全てのことを決して忘れない。

そして中国の東北戦場で献身的に勇敢に戦ってくれたソ連軍烈士のことを決して忘れない。中国人民は中国人民の抗日戦争勝利のために貴重で重要な貢献をしてくれた世界各国の皆様のことを永遠に心の中に銘記して感謝している。

㈣　抗日戦争に参加した国民党に対する新しい評価と台湾問題

日中戦争は、中国の人民全員が一致協力して抗日戦争を戦ったことを強調し、また台湾では、台湾同胞が半世紀にわたる日本統治下にあって総計六五万人の壮烈な犠牲者を出したと述べている。また国民党は前線にあって直接日本と戦闘し、共産党は後方戦線を担当したことを率直に表明し、一般大衆も遊撃戦を行ったとして、八路軍、新四軍とあわせ国民党の軍司令官の個人的な名前を挙げて抗日戦争における国民党の活躍を評価している。

㈤　日本が行った中国侵略戦争についての具体的な言及

日本の侵略者は中国の大地を蹂躙《じゅうりん》し、中国軍民を屠殺し、農産業を略奪し、婦女を暴行し、細菌戦争や化学戦争を進め、南京大虐殺を含め各地で残虐行為を行い、中国文化に多大な破壊を与えると共に中華民族は巨大な損失を蒙った。不確実な統計ではあるが、中国軍民の障害死亡者は三五〇〇万人余の多きに達し、一九三七年の価値に換算して中国が蒙った直接的経済損失は一〇〇〇万米ドル余、間接的経済損失は五〇〇〇万米ドル余となっている。日本が行った侵略戦争の具体的な過程を下記のとおり説明している。

一八七四年：明治政府（大久保利通）による台湾侵犯。

一八九四年：日清戦争（甲午戦争）による台湾の占有。
一九〇四年：日露戦争による中国東北領土への侵犯。
一九三一年：九月一八日の柳条湖鉄道爆破、中国侵略戦争を開始した時としている。
一九三七年：七月七日の盧溝橋事件：日中全面戦争の開始としている。

(六) 日本の歴史的認識への言及ならびに日中関係の評価

中国と日本はともにアジアおよび世界に重要な影響を与える国家である。二〇〇〇年あまりにわたる両国の往来は常に日中友好が主流となっていた。近代に入り日本の軍国主義者が侵略戦争を起こし、中国人民に甚大な災害をもたらし、また日本の一般人民も深刻な被害を受けた。この侵略戦争を企図し、そして実行したのは一部の軍国主義者である。

戦後日本各界の多くの人々が日本の一部軍国主義者が起こした侵略戦争の歴史的事実を勇気をもって正視し、侵略者が起こした中国侵略の暴挙を激しく非難した。また多くの侵略戦争に従事した日本軍人が戦争中の罪行を懺悔《ざんげ》し、実際に日中友好の運動を展開して非常に有益な仕事を行ってくれた。彼らの英知と勇気は称賛されるべきものである。

中国政府は一貫して日中関係を重視し、日中友好方針を堅持し、また日中友好のためにたゆまぬ努力を果たしてきた。中華人民共和国成立以降、政府と人民は日中関係を改善し、両国人民の伝統的友誼を発展させるため多くの努力を費やし、日本の見識ある政治家および各界の人士と共に日中国交正常化を実現した。多年にわたって日中関係は発展の一途をたどり、両国の貿易協力は拡大した。日中両国の人的交流も密接となり、これは両国人民が平和と共同の発展を願っている表れである。これは両国の歴代指導者と有識者が共に努力をした結果であり、我々はこの成果を大切にして誠心誠意維持しなければならない。

しかし、ここで是非とも指摘したいのは、長期にわたって日本国内の一部勢力が日本が起こした侵略戦争の本質と犯罪行為をかたくなに認めず、軍国主義戦争の美化に努め、既に歴史によって「恥辱の柱」に打ち付けられたA級戦犯の亡霊を呼び戻そうとしていることである。

かかる行為は日本政府が歴史上の問題として既にそれを認め、受け入れた認識に違反するのみならず、日中関係の政治的基盤に背き、中国および関係するアジア諸国の国民感情を深く傷つけるものである。「過去を忘れず、今後の師とする」ことを教訓とし、歴史をよく認識して仇や恨みを長く残さず、歴史を鑑として未来へ向かうことを我々は強調したい。過去を忘れず、これを教訓としてこそ、歴史的悲劇の再演を避けることが出来るのである。

(七)　日本に対する希望表明

我々は日本政府とその指導者が、歴史および国民に対して、そしてその未来に強く責任を持つという姿勢に基づき、日中友好関係の維持ならびにアジアの安定と発展という大局に立って、厳粛かつ慎重に歴史問題に対する適切な処理を行うとともに、侵略戦争について表明した謝罪と反省を実際の行動に示すことを希望する。私は中国政府が日中友好協力関係を発展させる方針に全く変わりがないことを改めて強く申し上げたい。

我々は今後も「日中共同声明」「日中平和友好条約」「日中共同宣言」の三つの政治文書を厳格に遵守し、対話と対等な協議を通して日中両国間に存在する見解の相違を適切に処理し、幅広い分野で交流と協力を深め、共同利益の拡大を図り、実際の行動によって、二一世紀の日中友好協力関係の発展に努めることで、日中関係を健全かつ安定的に発展させ、日中両国の国民が世々代々友好を築いていくことを心から願っている。

第六章　靖国神社の設立経緯と問題点

――天皇陛下が参拝される新慰霊施設を建設すべき

筆者が一九三九年（昭和一四年）に入学した小学校が靖国神社の近くにあった。「天皇陛下の聖戦で亡くなられた兵隊さんが祀られている靖国神社に参拝するのは日本国民の義務」という当時の軍国主義教育によって、生徒は登下校の際に必ず大鳥居の前で靖国神社に参拝することが義務付けられ、それを当たり前のこととして毎日参拝していた。

かかる習慣があったためか、戦後も靖国神社の近くへ行った時は必ずお参りを続けていたが、たまたま六八歳から七年間ほど顧問をした事務所が靖国神社の近くにあったので、昼食で靖国神社寄りのレストランへ行った際は必ずお参りをしていた。かかる次第で我が人生でもう数百回もお参りをしたことになるが、戦後はあの戦争で国家の犠牲になられた兵隊さんへの感謝と哀悼の意を捧げるための参拝となった。自分はこれを日本国民として当然なことと思って靖国神社への参拝をしていたし、これからも続けると思う。

中国の公的抗議後に靖国神社参拝を行った日本首相は、「愛国者が祀られている靖国神社へお参りするのは日本の首相としての当然の義務」とのコメントをしているが、戦前の教育を受けた我々との大きな違いは、我々は、靖国神社に祀られているのは「愛国者」ではなく、「天皇のため戦争で亡くなられた方」と認識している点である。

もし靖国神社に祀られる条件が「愛国者」なら、西南戦争で亡くなった西郷隆盛は賊軍とはなったが、明治天皇から名誉回復をされたので、明治維新における多大な功績からすれば当然「日本最大の愛国者」として祀られるべきであった。しかし、西郷隆盛は靖国神社に祀られておらず、当時合祀の対象にもされなかったとの事実が存在する。

なお靖国神社には明治時代に「維新殉難者」が、そして昭和時代に「昭和殉難者」が合祀されており、「天皇のために戦って戦死された方」を祀るのが靖国神社であったとすればその条件に合致しておらず、戦後に言われている「愛国者」という条件にも合致していない。かかる次第で靖国神社の実体を承知すべく、靖国神社設立の経緯とかかる問題点についいて検証することとしたい。

(一) 靖国神社設立の経緯と趣旨および戦後の靖国神社

靖国神社の前身は長州藩の大村益次郎が戊辰戦争の官軍側戦死者を祀りたいと提案し、明治天皇の勅許を得て一八六九年(明治二年)に創建された「東京招魂社」であり、その後に「萩の乱」や「佐賀の乱」そして「西南戦役」の官軍側戦死者が合祀された。その趣旨はあくまで天皇のために戦った官軍側戦死者を祀ることであった。その「東京招魂社」が一八七九年（明治一二年）に別格官幣社「靖国神社」と改称され、第二次世界大戦に至るまでの戦死者および国難に殉じた約二五〇万人の方が「英霊」として祀られている。

戦後の一九四七年（昭和二二年）五月三日に新日本国憲法が施行され、その第二〇条で「政教分離」が決定されたため、靖国神社も一般の「宗教法人」の一つとなった。現憲法では国家および政府機関はいかなる宗教活動も行ってはならないと規定されている。

ただ佐藤栄作が首相時代の一九六九年（昭和四四年）に自由民主党から靖国神社を国家管理とする「靖国神社法」が議員立法として初めて提案され、退陣する一九七二年（昭和四七年）までに四回提案されたが、保革対立による審議未了で廃案となった。ここに佐藤首相の靖国神社に対する執念が感じられる。後任の田中首相時代にも提案され、二度目の一九七四年（昭和四九年）に初めて衆院で可決されたが参院で否決され、それ以降は提案されず現在に至っている。田中首相には執着心がなかったようである。

問題は、靖国神社は「神道」という宗教法人であり、佐藤首相がもし靖国神社法案を成立させたら、憲法の「政教分離」とどのような整合性を持たせようとしたのかが気にかかるが、多分「自衛隊」の場合のように何か抜け道的解釈を持っていたと思考される。

㈡　靖国神社が天皇のために戦死した方を祀る神社であった理由

靖国神社が「天皇のために戦死した方」を祀るのがその絶対的条件であったことを、現在の日本国民は理解する必要がある。その理由は一八六九年（明治二年）に「東京招魂社」が創建されたときの趣旨が官軍側戦死者を祀るとのことであり、禁門の変（蛤御門の変）で官軍として戦死した会津藩士は祀られているが、戊辰戦争で賊軍として戦死した会津藩士は祀られていないことから理解できる。

今の平和な時代に育った日本国民には想像もできないと思うが、昭和初期から終戦まで我々日本国民は軍国主義教育により「日本は万世一系の天皇陛下が統べる国であり、戦争は天皇陛下が起された聖戦で、日本国民は天皇陛下のため身を挺して聖戦に参戦しなければならない」と徹底的に教育されたとの事実がある。戦争に赴く兵士に対して「天皇陛下万歳と言って戦死せよ」と命令され、「日本国万歳」とは言われなかった。「お国のために戦って下さい」という言葉は、唯一出征兵士へ家族や仲間が贈った言葉であった。

当時我々国民は「天皇陛下」という言葉を軽々に口にすることが許されず、「天皇陛下」と言う場合には直立不動の姿勢をとってから言わねばならなかった。天皇陛下のための戦争なので、戦死すれば必ず靖国神社に祀られることが決まっており、戦争に臨んだ兵隊さんはお互いに「靖国神社で会おう」と言い合って別れたという。

㈢ 明治時代に合祀された「維新殉難者」とは

長州藩大村益次郎の提案で官軍側戦死者を祀った「東京招魂社」に明治維新の殉難者として合祀されたのが「維新殉難者」である。ウィキペディアによれば、吉田松陰、久坂玄瑞、高杉晋作、大村益次郎（以上長州藩）、坂本龍馬、中岡慎太郎、武市半平太（以上土佐藩）、橋本左内（福井藩）などの著名な方々の名前が上がっている。

ここで問題なのは、長州藩の吉田松陰、久坂玄瑞、高杉晋作の三名である。特に久坂玄瑞は「禁門の変」で孝明天皇が居られた御所を砲撃した賊軍の司令官で、その敗戦により自殺した。高杉晋作は「奇兵隊」を作り、当時の官軍であった幕府軍と戦争して、その後に病死した。吉田松陰は松下村塾でのこの二人の師匠であり、アメリカへの密航が原因で安政の大獄に座して刑死した者で、明治維新とは何の関係も功労もない。

大村益次郎は一八六九年（明治二年）に暗殺されており、彼が官軍の司令官であったことを考えるとその合祀は当然である。西南戦役で薩摩藩を敗退させて政治権力の絶頂にいた長州藩の人間が、大村益次郎その他の官軍の著名人の名前を表に出し、これら三人をそこに潜ませて、維新の詳しい経緯を知らない明治天皇の勅許を得て合祀したと判断せざるを得ない。なお東京招魂社が「別格官幣社・靖国神社」と格上げされたのは、一八七九年（明治一二年）のことで、薩摩藩・大久保利通が暗殺された翌年であり、長州藩の政治権力が最も強まっていた時代と一致するのもまた面白い点である。

(四) 「昭和殉難者」とは

「昭和殉難者」とは靖国神社に合祀されたA級戦犯一四名のことであり、死刑となった七名とあわせて、判決前の病死者二名、服役中の病死者五名が祀られている。

一九五三年(昭和二八年)に国会で議決された「恩給改正法」と「戦傷病者戦没者遺族等援護法」により、死刑となった戦犯も国内法を犯したのではないと認定され、その死者を「法務死」とした。厚生省は一九六六年(昭和四一年)に昭和殉難者の「祭神名票」を靖国神社へ送付しており、この時の首相は長州藩の末裔であった佐藤栄作であった。厚生省がA級戦犯一四名の「祭神名票」を靖国神社へ送付したのは、当然佐藤首相の指示によると思われる。靖国神社では「崇敬者総代会」が早速これを承認し、第五代・筑波藤麿宮司へ交付したが、筑波宮司は「宮司預かり」として合祀しなかった。彼の死後に宮司となった第六代・松下永芳宮司が一九七八年(昭和五三年)一〇月一七日に合祀祭を行って合祀した。これがメディアで公表されたのは一九七九年(昭和五四年)四月一九日であり、松下宮司は極めて積極的な戦争賛美者であったという。

㈤ なぜ判決前の民間人病死者まで「英霊」として合祀されたのか

第二次世界大戦の戦争責任が昭和天皇のみにあったとすれば、死刑になったA級戦犯七名は昭和天皇の身代わりとして死刑になったと考えることができる。この考えを前提とすれば、死刑になったA級戦犯七名の合祀は妥当ということができる。

しかしこの合祀には判決前に病死した長野修身元帥と民間人の松岡洋右元外相が含まれている。なぜ未決の病死者まで、死刑になったA級戦犯とともに靖国神社へ合祀されたのかを考える必要がある。

上述の通りA級戦犯の「祭神名票」を作らせたのは長州藩末裔の佐藤首相であろう。実は松岡洋右の妹の娘が佐藤栄作夫人であり、松岡洋右は長州藩の末裔であるとともに佐藤首相の義理の伯父にあたる。佐藤首相は長州育ちであり、明治初期に長州藩の人間が吉田松陰や久坂玄瑞を強引に靖国神社へ合祀した事実をよく承知していたと思われ、長州藩の末裔であり妻の伯父である松岡洋右のためあえてその無理を犯したのではと考えられる。

判決前の病死者を「祭神名票」に加えるためには、刑期中の病死者までも加えざるを得なかったことになる。これがA級戦犯として起訴された二八名の内、この一四名のみが靖国神社に合祀された理由であり、この一四名のみが「英霊」という栄誉を掴んだことになる。

戦前別格官幣社・靖国神社に合祀されるためには、まず陸海軍が審査して合祀の内定を行い、天皇の勅許を得て決定された。合祀祭には天皇が祭主となられるので、靖国神社に合祀されることは日本人として最大の名誉であった。佐藤首相がかかる無理をしてまで、A級戦犯となった松岡洋右を靖国神社へ合祀させた理由は、ここにあったかもしれない。

(六) 日本国は新慰霊施設を早急に作るべきであるとの結論

「維新殉死者」と「昭和殉死者」という二つの問題点を検証すると、そこには靖国神社を自分の都合のよい神社として活用した、長州藩およびその末裔の身勝手さが見えてくる。戦前に共産党書記長をして投獄され、戦後極右派に転じて熱烈な天皇主義者となった、会津藩士の末裔である田中清玄が「靖国神社とは、長州藩の守り神に過ぎないものを全国民に拝ませているようなものだ。ましてや靖国神社は皇室とは何の関係もない」と述べている。長州藩に叩きのめされた会津藩士の末裔として、靖国神社が持つ裏事情をよく理解していた人のみが言うことができる貴重な一言である。

現政府（安倍晋三首相）は二〇一六年（平成二八年）三月に安保関連法を施行させ、自衛隊の「集団自衛権」の行使が可能となった。過去の自衛隊のPKO活動では、常に他国の軍隊に守ってもらっており、「セルフディフェンス・アーミー」をもじって「セルフィッシュ・アーミー」と外国軍から揶揄されていたとのことであるが、それがなくなったことは自衛隊でＰＫＯ活動をされる方にとって非常に良かったと思う。その反面、これからは最前線で活動するようになるので当然自衛隊員の犠牲者が出ることが予想される。日本政府がその犠牲者をどのような形でお祀りをするのかがこれからの重要な課題となる。

安倍首相は岸首相の外孫であり、大叔父の佐藤首相が成立に多大な執念を燃やした「靖国神社法」を再提案するのではとの懸念がある。しかし、天皇陛下がお参りをされない、一部の外国から抗議が出る、そして上述の問題まで抱えている靖国神社は適切な慰霊施設とは言えない。

戦後七〇年余を経た現在、天皇皇后両陛下もご高齢となられたので、毎年八月一五日に日本武道館で行っている長時間の「全国戦没者追悼式」はもう取り止めて、この追悼式の軍人および民間人戦没者をお祀りする新しい慰霊施設を作り、今後の国家殉難者に備える必要があると思う。

要は国家元首である天皇陛下ならびに日本政府首脳が何ら問題なく参拝できる、国家が管理する、宗教色のない、「国家殉難者慰霊塔」と称するような慰霊施設を建設する政府方針の早急な決定が望まれる次第である。

第七章　日本には戦争責任者が不在という不思議

我々が大東亜戦争と称した第二次世界大戦で、日本は二三〇万人の戦死者と八〇万人もの民間人犠牲者を出すとともに、日本領土では硫黄島と沖縄が戦場となり、満洲国の建設や満蒙開拓団として中国東北地区（満洲）へ送り出された民間人とその家族が多大な被害に遭った。本土では東京その他の主要都市が度重なる米軍の空爆で焼け野原になり、広島と長崎では世界初めての原爆投下によって悲惨な被害を被った。そして敗戦となり有史以来初めて外国の軍隊に占領され、占領軍に支配されるという屈辱を味わった。要は日本の一般国民は、日本自身が起こした戦争の多大な戦争被害者であったのである。

当時の日本国民は軍国主義教育によってこの戦争を昭和天皇が命じられた「聖戦」と信じていたが、戦後になっていろいろな文献から、この戦争が昭和天皇のご意思により始まったものではなく、昭和初期から始まった中国国内での戦争を含めて一部軍閥によって企図され、それを抑え切れなかった東條英機首相により起こされたことを初めて理解した。

もちろん国家元首としての昭和天皇の道義的責任は免れず、それを五〇％と考慮すると、残りの五〇％が当時の一部軍閥および政府責任者にあったことは否定できない。

第二次世界大戦は日本とドイツがともに戦争を起こし、ともに敗戦国となった。当初イタリアもこれに加わっていたが、イタリアでは国民がファシスト党を倒して連合国に降伏し、その後連合国軍側として戦ったのでこれに含まれない。ドイツは戦後にヒトラー総統およびナチ党幹部が主導して行った戦争であったと戦争責任者を明確にし、公的謝罪を行ったので何も問題は起こっていないが、日本では全く反対の現象を呈している。

日本で日本人に「誰があの戦争を起こして日本国民をかかる悲惨な目に遭わせたのか？誰があの戦争の責任者なのか？」と質問すると、A級戦犯が靖国神社に合祀されたり、政府要人となって叙勲までされた現在、誰も正確に答えられる人がいないという不思議な現象を呈している。これが中国その他から「日本は歴史認識が出来ていない」と言われる所以となっているが、なぜかかる事態になってしまったかを検証したいと思う。

㈠　連合国側が決めた戦争責任者「A級戦犯」

日本占領に際して、占領政策を安全裏に遂行するためには昭和天皇の存在が不可欠との理由で昭和天皇は免訴され、東京国際軍事裁判で東條首相以下二五名がA級戦犯として断罪された。過去の戦争ではその戦費を敗戦国に負担させるため「賠償金」を徴収する慣例があったが、第一次世界大戦でのドイツの悲惨な結果および第二次世界大戦後にドイツが東西両ドイツに分割統治される異常な事態となったため、連合国側は「平和に対する罪」と称して戦争責任者を国際軍事裁判で裁くこととし、賠償金の徴収が免除された。これがA級戦争犯罪者、いわゆる「A級戦犯」が生まれた原因である。

日本の極東国際軍事裁判ではA級戦犯として一〇〇名以上の多くの方が勾留されたが、実際に起訴されたのは二八名で、裁判中の病死他で三名が外され、死刑（七名）、終身刑（一六名）、有期禁固刑（二名）と全員二五名に対して有罪判決が出た。現在の日本の方の中に「あれは連合国側の報復裁判で不当な裁判であった」と言う方が多くおられるが、戦争の勝利者が裁いたのだから、敗戦国側の目から見れば報復裁判に見えるのは当然である。ただ二五名の方の戦前および戦時中の肩書きを見ると、戦争を遂行したそれぞれの分野での最高責任者を裁いたと納得できる点もあり、一概に報復裁判であったとは言い切れない。

もし、第一次世界大戦の時のように連合国側が要した戦費全額を賠償金として要求されたら、その賠償額は一〇〇年経っても払えないほどの巨額なものとなり、日本もドイツも経済破綻を招来して、戦後の国民が非常に苦しい道を歩まされたことは間違いない。

死刑となった七名のうち、軍人六名は戦争を起こした東條首相を除き各方面軍の司令官や責任者であり、武藤章のみがフィリピン方面軍参謀長だが、山下奉文司令官の代わりになったと思われる。唯一の例外が民間人としてただ一人死刑となった広田弘毅首相で、城山三郎著『落日燃ゆ』（一九七四年、新潮社）でその生涯が詳しく説明されている通り、広田首相は戦争を回避すべく多大な努力をされた方であった。

民間人の政府責任者からも死刑とする戦争責任者が一名必要との方針があったとすれば、首相時代に「陸海軍大臣の現役制」を復活させたことと、日独防共協定を締結したこと、近衛内閣の外相として南京大虐殺の責任を取らされたものと思われる。もし近衛首相が自殺せず、松岡外相が裁判中に病死しなければ、広田首相は当然死刑などにならなかったであろう。

筆者には靖国神社へのA級戦犯合祀に反対する気持ちは全くない。A級戦犯もあの戦争の日本人犠牲者であり、筆者は現在も靖国神社参拝を行っている。中国その他の国も日本の一般国民が靖国神社へ参拝することに全く抗議をしていない。今上天皇が参拝を止められた現在、抗議をする対象は日本政府首脳の参拝のみである。日本政府首脳の悪いところは、自分の肩書きを大々的に表に出し、メディアが大きくそれを報道するように参拝することであり、これでは遺族会の票を求めての参拝と言われても抗弁出来ないであろう。

(二) 誰がこの戦争を引き起こしたのか

実際の日本の戦争責任者が誰かと考えた場合、天皇が持つ統帥権を勝手に乱用した陸軍の中堅幹部というのが正解であろう。一九二八年（昭和三年）の第一次満洲事変での満洲軍閥・張作霖の殺害、一九三一年（昭和六年）の第二次満洲事変の柳条湖での鉄道爆破事件、一九三三年（昭和八年）の北支侵攻などは、全て満洲駐在の関東軍が勝手に起こしたものであった。さらに一九三七年（昭和一二年）に北京郊外の盧溝橋で事変を起こし、最終的に一九三八年（昭和一三年）に第二次上海事変を起して日中全面戦争に入った。

上海で戦争を起こした中支派遣軍は、日本政府がこれ以上中国内陸へ攻め込んではいけないと規定した蘇州―嘉興間の政令線を越えて南京へ侵攻し、大虐殺まで起こしている。これら全てを当時の日本政府がやむを得ないとして事後に追認し、それを起こした軍人が誰も処罰されなかったことが、その後ますます陸軍の暴走を許すこととなり、国際連盟の脱退、日独伊三国軍事同盟の締結、仏印（ベトナム）への侵攻があって、究極的に大東亜戦争に連なってしまった。

これらに関与した責任者のうち、第二次満洲事変の首謀者であった石原完爾少将（事件当時中佐）は東條首相に嫌われて軍部中枢を追われたので、彼を除いた全ての責任者がA級戦犯に指名されている。一九五一年（昭和二六年）にサンフランシスコで講和条約が締結された際に連合国側の要求があり、日本は極東国際軍事裁判の妥当性を公的に認めた。敗戦国日本が連合国の占領支配から解放されて独立する重要なこの会議で、日本が独立国となる条件としてこれを承認した以上、それ以降に日本政府の要職に就いた者は、日本人としての個人的感情は別として、その職にある限り国際的見地から「A級戦犯」をあの戦争の責任者として公的に認めねばならぬ義務があることを認識する必要がある。

安倍首相の二〇一三年（平成二五年）一二月の靖国神社参拝に対して中国からの公的抗議のみならず、駐日米大使館および米国務省から「失望した」との発言が出たこと、ならびに中国の胡錦濤総書記が二〇〇五年九月の演説で「日本政府が歴史的事実として受け入れ承認した認識に違反している」と言及した所以はここにある。

(三) なぜ日本にあの戦争責任者が不在となったのか

これは我々が戦時中に育った世代だからそう理解するのかもしれないが、我々が受けた戦前・戦中の教育をベースとして、戦争責任者が不在である原因を類推してみることとする。

旧大日本帝国憲法では、第一条で「大日本帝国ハ万世一系ノ天皇之ヲ統治ス」、第三条で「天皇ハ神聖ニシテ侵スヘカラス」、そして第十一条で「天皇ハ陸海軍ヲ統帥ス」と規定している。これは日本は天皇が統治する国であり、天皇は神聖な方なので、日本国民は天皇が命令されること、為されることを無条件で受け入れねばならないとの解釈になる。

またこの第十一条により、軍部が行った行為に対して、天皇が反対の意思を示さない限り何でも出来るという統帥権の乱用が起こった。たとえそれが政府命令を無視した南京への侵攻という暴挙であっても、後で政府がこれを追認すれば、天皇の命令を体して行った正当な行為として自分自身のみならず周囲までもが納得してしまうという、中国の「愛国無罪」と同じような感覚である。要は、詔勅（天皇の命令）による聖戦であり、一部軍人が勝手にやった不当行為も処罰されずに追認されれば、日本の国策に沿って行った正当な行為として理解されてしまう。当時のかかる感覚をぜひ理解していただきたい。

かかる感覚があるので、戦後の歴代首相は中国侵略戦争について「ご迷惑をかけた」との表現はしても、決して謝罪の言葉を述べなかった。昭和天皇が明確に中国への侵略戦争に触れて謝罪をされない以上、臣下である首相としてあえて口に出来ないという考え方である。このような感覚が日本から戦争責任者をなくしてしまった原因といえる。戦後五〇年を経た一九九五年（平成七年）に村山首相が初めて村山談話として「お詫び」の言葉を述べたが、これは日本社会党党首であった村山首相だからこそ初めて口に出せたといえる。

一九五一年（昭和二六年）九月のサンフランシスコ講和会議で日本の戦後は終わり、終身刑の方々も一九五六年（昭和三一年）三月を最後として全員が釈放された。A級戦犯として服役した方、指名逮捕されたが不起訴となった方の中で、その後に立派な業績を挙げられた著名人として下記の方々を例として挙げる。

＊賀屋興宣（終身刑）：東條内閣で大蔵大臣、戦後衆議院議員五回、池田内閣での法務大臣、公職引退後に叙勲を打診されたが辞退した。

＊重光葵（禁固刑七年）：東條内閣と小磯内閣で外相、戦後衆議院議員三回、鳩山内閣での副総理・外相、死後勲一等旭日桐花大綬賞を授与された。

＊岸信介（不起訴）：安倍首相の外祖父、東條内閣の商工大臣、戦後衆議院議員九回、総理大臣、勲一等旭日桐花大授賞、大勲位菊花大綬賞を授与された。

＊正力松太郎（不起訴）：読売新聞社長、東條内閣で参与、小磯内閣で顧問を務めた。戦後衆議院議員五回、鳩山内閣と岸内閣で科学技術庁長官、国家公安委員長、勲一等旭日桐花大綬賞、勲一等旭日大綬賞を授与された。

我々戦時中に育った日本人としては、戦犯として服役された方も日本の聖戦のため尽力され、連合国側の都合によってA級戦犯となられたので、釈放後に公職へ就かれたのは当然との気持ちがある。大東亜戦争は東條首相が戦争開始を決定したが、昭和天皇から詔勅（天皇の命令書）を頂いて開始した「聖戦」であり、天皇陛下のための戦争という気持ちが心底にあるので、どうしても個人個人の戦争責任を問う気持ちを持てなくなってしまったという心情がある。A級戦犯一四名の靖国神社への合祀も同様であり、かかる先入観が強いので、日本人としては、合祀は当然との気持ちが強く、中国その他からの日本首相の靖国参拝に対する抗議について「日本への内政干渉である」との言葉が出てしまう。

しかし、欧米諸国あるいは戦争で被害を被った中国を初めとするアジア諸国の人々の目から見れば、日本の一般国民があの戦争で多大な被害を受けたにもかかわらず、戦犯とされた戦争責任者を靖国神社へ神様として祀り、首相や閣僚がそれを参拝して大切にしていることについて、日本人とは極めて不可解な民族であると感じているかもしれない。

逆説的に言えば、当時の日本国民の心の中に「あの戦争は昭和天皇の命令で行った」という潜在意識があったということである。昭和天皇は戦争責任を取って退位されたいとの意向を持たれていたが、皇室典範の規定でご退位ができなかった。

目下今上天皇の生前退位について種々論議されているが、もし皇室典範に天皇の意思による退位が可能との規定があったら、昭和天皇はある時期、多分サンフランシスコ講和条約の発効後あるいは沖縄返還の実現後に、ご自分の戦争責任を明確にして退位されていたのではと推察する。そうであったら「日本は戦争責任を明確にしていない」という問題など全く起こっておらず、誠に残念に思う次第である。

第八章　日本政府は沖縄に配慮する責任がある

――尖閣諸島問題を利用する中国

沖縄について我々日本人、特に本土四島（北海道、本州、四国、九州）のいわゆる「大和民族」と称する日本人が決して忘れてはならないのは、第二次世界大戦時に日本政府および軍部首脳が沖縄駐留の日本軍および沖縄県民に玉砕を命じたという厳しい現実と、当時日本ではこれら四島のみを「日本本土」と称していた事実である。

この結果沖縄では一九四五年（昭和二〇年）三月二六日から約三ヵ月にわたって、米軍と激しい砲火を交えた地上戦が行われ、「日本本土」は戦後六年目の一九五一年（昭和二六年）にサンフランシスコ講和条約によって占領から解放されたにもかかわらず、沖縄は二七年間も米軍の占領地となってしまった。戦後七〇年余を経た現在、日本では広島と長崎への原爆投下のみが大きな話題となっているが、実際の戦場となった上に二七年間も米軍に占領された沖縄県民が味わった想像を絶する苦難を決して忘れてはならない。

沖縄が日本へ返還された一九七二年（昭和四七年）までの二七年間に、もし米軍が沖縄を敗戦国家の占領地として扱わず、沖縄県民の主権を尊重した民主主義的統治を行っていたら、沖縄は「琉球民主共和国」として独立した可能性が十分にあったことを念頭に入れる必要がある。かかる実情を理解して日本政府は、日本への復帰の道を選んだ沖縄県民の意思と期待に応える義務があることを深く認識する必要があり、以下琉球王国が沖縄として日本に帰属した経緯、沖縄戦の実情、中国との尖閣諸島問題を含めた沖縄の厳しい現状、そして今後の懸念を含めた問題点について説明することとしたい。

(一) 琉球王国が日本へ帰属した経緯

沖縄県は一五世紀初めに「琉球王国」として成立した独立国家であり、江戸時代までは中国(当時の清国)へ朝貢していた中国の属国であった。一七世紀初頭に薩摩藩に攻められて同藩に服属したが、徳川幕府が「鎖国」を国是としたため、表面では清国への朝貢を続け、裏で薩摩藩が実効支配していた。明治維新で中国より一歩早く近代化した日本は、一八七二年(明治五年)に「琉球藩」として帰属させ、一八七九年(明治一二年)に「沖縄県」に改名して現在に至っている。

当時の沖縄の方は自分たちを「琉球民族」と認識し、本土四島を「内地」と呼び、内地人を「大和《やまと》んちゅう」と呼んで区別していた。沖縄の日本帰属後一五〇年近くになるが、まず沖縄が日本国の一部となった経緯を理解することが肝要である。

(二) 第二次世界大戦における沖縄戦の経緯

日本は一九四五年（昭和二〇年）八月一四日にポツダム宣言を受諾し、「本土決戦」を行う前に終戦となったが、沖縄ではそれ以前の三月二六日から六月二三日までの三ヵ月間にわたって「ありったけの地獄をまとめた戦争」と言われたほどの、民間人も交えた、血で血を洗う激しい地上戦が実際に行われた。日本政府と軍部首脳が本土四島における最終決戦を行うとの方針を決定していたため、当時の日本の為政者にとって「沖縄戦」という悲劇は、本土決戦を行うために当然として是認した前提条件であった。

三月二六日から激しい米軍の艦砲射撃でまず日本軍の戦闘基地を破壊して始まった戦争は、四月一日に大型戦車を先頭とした米軍が沖縄本島に上陸して基地の確保を行い、その後に米軍兵士が上陸して全てを火炎放射器で焼き払ったという、沖縄県民にとって真に恐怖に満ちた戦争であった。一〇万人弱の民間人死傷者、軍人を含めれば二〇万人近くの死傷者を出した戦争は、周囲を海に囲まれた沖縄にとって絶対に撤退ができない、県民全員の玉砕を強いた戦争であったことを我々は承知する必要がある。沖縄戦は、一四歳以上の男子中学生が全て戦闘員として動員され、後に「ひめゆり部隊」として知られる女子中学生まで含めた、民間人を総動員して行われた戦争であった。

(三) 太田海軍陸戦隊司令官の最後のメッセージ

戦後七〇年を経た現在の日本では「人道的見地」という美名のもと、多数の非戦闘員を一瞬にして大量虐殺したアメリカの原爆投下のみを非難する声が大きく表面に出て、あたかも広島と長崎のみを戦争犠牲者とみなす風潮になっているが、沖縄戦は日本本土で民間人も含めて砲火を交えた地獄の戦争として、実際に戦争を経験した時代に生きた者にとっては、忘れ得ない深刻な記憶として残っている。

ぜひ現在の日本国民に知って欲しいのは、沖縄陥落直前の昭和二〇年六月六日に太田実海軍陸戦隊司令官が海軍次官宛に打電したメッセージで、その最後は「日本の軍隊が沖縄に駐留して以来、沖縄県民は終始一貫勤労奉仕と物資の節約を強要させられたが、ひたすら日本人としてご奉公せねばとのことで協力してくれた。本戦闘も既に末期、一木一草全て焦土となり、食料も六月一杯の分しか残っていないという。沖縄県民かく戦えり。県民に対し後世特別のご高配を賜わらんことを」で締め括られている。沖縄県民が日本のために払った犠牲がいかにすさまじいものであったかをこのメッセージから知ることができる。

㈣　日本における米軍基地と沖縄の比重の大きさへの認識

沖縄県の面積は日本全土の〇・六％のみだが、米軍に占領されていたために、現在日本が持つ駐留米軍基地の七四％が沖縄に存在している。その比重の大きさの詳細は本章末「資料3　沖縄ならびに在日米軍に関する資料」をご参照いただければ一目瞭然である。

現在沖縄での大きな問題は「普天間基地」の名護市辺野古崎沿岸地区への移設問題であり、民主党の鳩山首相が「本土移転」を確約した事実が存在する。鳩山由紀夫首相の約束は日本国首相としての公約であるとともに、政権政党であった民主党の公約でもある。首相の公約は重く、後で不可能としてそれを否定したとしても、沖縄県民が納得しない限りそれが許されるものではない。鳩山首相の後を継いだ菅・野田両首相や政権政党であった当時の民主党が、自分には全く関係がないと知らぬふりをしているのはおかしい。

日本政府は第二次世界大戦時の沖縄県民の多大な貢献を考慮して、もっと真剣にこの問題に取り組むべきと考える。本土四島の日本人も「原爆反対」や「平和憲法改正反対」を唱えるだけではなく、沖縄県民の真剣な希望に応え、沖縄問題にもっと真摯に対応すべきではなかろうか。

(五) 習近平政権の中国で「沖縄解放・琉球復興」という声が上がってる

尖閣諸島の国有化により二〇一二年（平成二四年）九月に中国で過去最大の反日官製デモが行われたが、あわせて「沖縄解放・琉球復興」というスローガンが大々的に叫ばれたことを日本国民は認識する必要がある。

また二〇一三年（平成二五年）五月八日の「人民日報」は、「歴史的に未解決な琉球問題を再び論議できる時が来た」と主張する論文を発表した。これは琉球王国が中国の朝貢国であったことに起因しており、それ以前にも話題としては取り上げられたが、中国共産党機関紙の人民日報が「沖縄の帰属は未解決」と断定し、公的に中国の領有権を示唆したのはこれが初めてである。

尖閣諸島問題とあわせ、日本は「沖縄解放・琉球復興」という中国の意図についての重要性を深く認識する必要がある。

(六) 中国国民が尖閣諸島を自国領土と認識している事実への理解が必要

習近平政権の問題は別章で詳しく触れるが、習近平は鄧小平が唱えた「韜光養晦《とうこうようかい》」（才能を隠して、内に力を蓄える）という歴代総書記が受け継いだ方針を一〇〇％転換して、「中華民族の偉大な復興を目指す」との新方針を打ち出し、尖閣諸島を公式に「核心的利益」の対象とした。「核心的利益」とは「中国が戦争を含めたあらゆる手段を講じてでも守るべき国家利益」との意味であり、習近平政権が中国国民に対して「今後日本と戦争をしてでも尖閣諸島を実効支配する」と意思表明したことと同義語と理解していただきたい。

習近平政権が「尖閣諸島を核心的利益」と表明するとともに、「沖縄解放・琉球復興」と「歴史的に未解決の琉球問題を再び論議できる時が来た」を表明したことは、尖閣諸島が中国の領土であることを中国国民に徹底的に認識させるためであり、現在の日本国民が看過しているのは、今や中国国民の全てが尖閣諸島を中国領土と理解し、日本に不当に占有されていると理解し、認識しているという事実である。

日本領土である「竹島」を韓国に実効支配されても、何の対応もしない現在の日本政府と日本国民には、世界諸国が考える「自国領土に対する領有観念の強さ」を理解できていないのではとの懸念がある。

率直に言えば、領土問題とは関与する両国にとっては戦争の対象であり、戦争をして勝敗を決するか、あるいは戦争ができない方が引き下がるしか解決の方法がないとのことである。かかる国際領土紛争問題の解決実例、ならびに将来日本が直面するであろう中国との尖閣諸島問題の詳細については、添付資料4の「尖閣諸島の現状への正しい理解と認識が必要」で述べるのでご参照いただきたい。

(七) 中国は尖閣諸島を共産党一党独裁政権維持のための手段に利用している

現在一三億八〇〇〇万という大人口を擁する中国を共産党が一党独裁政権として統治しており、これをいかに維持するかが中国政府の最重要命題となっている。共産党の一党独裁政権維持を脅かす事態とは、共産党政権一党独裁に対する中国国民の不満の爆発である。かかる事態に直面した際に中国政府は国民の目を外部にそらせる必要性があり、このために現在中国では「反日思想」を基とした「愛国主義教育」が徹底的に行われている。これに利用されたのが日本首相の靖国神社参拝であり、首相参拝の都度大々的な官製デモを起こし、中国国民の愛国心高揚に努め、共産党政権の存在意義を中国国民に徹底させてきた。

二〇一二年（平成二四年）九月に野田首相が尖閣諸島を国有化して以来、中国政府は尖閣諸島問題を中国国民の愛国心を喚起する最大の武器として利用することを決定し、尖閣諸島を中国の「核心的利益」とした。これは中国で共産党政権維持に影響を及ぼす国内問題が発生した場合には、尖閣諸島で日本との紛争問題を起こせば直ちに中国国民の愛国心を喚起して関心が尖閣諸島に集まり、いかなる国内問題でも直に解消できるからである。

実際に二〇一三年（平成二五年）一二月に安倍首相が靖国神社参拝を行った際には、従来行っていた官製デモなどは行わず、二〇一四年二月一七日の全人代常務委員会で二つの抗日記念日を定めた。九月三日の「抗日戦勝記念日」と、一二月一三日の南京大虐殺の日の

「国家哀悼日」と称するものだ。こうして習近平は反日体制を強化した。

中国にとって経済成長は重大な課題であり、日本は経済面では重要な対象国である。国内で官製反日デモなどを起こして中国へ進出した日本企業で問題を起こしたり、日本製品の不買運動を起こしては得策でないことを重々承知している。しかし、共産党一党独裁政権の維持は国家の命題であり、「尖閣諸島」という武器は、国内での政権維持に反対する暴動や運動に対しての伝家の宝刀となる。従って我々は今後中国はそうむやみに伝家の宝刀を抜かないとの認識に立って対応することができる。

(八) 現在の沖縄の実情への懸念

筆者はかねがね沖縄の現状について中国の介入に懸念を持っていたが、既に多くの沖縄の一般の土地が中国資本に買収されている可能性があるのではと懸念される。

また二〇一六年七月に香港で「南海—琉球国際秩序検討会」なる会議が開催され、「中華民族琉球特別自治区準備委員会」なる団体が尖閣諸島や沖縄を中国へ返還させる訴訟を国際司法裁判所へ提訴する準備に入ったと発表したとのことであり、かかる運動は資金面から言って当然この裏に中国政府の存在があることは否定できない。

沖縄が琉球として独立すれば中国の属国となり、その未来は究極的にチベットやウイグル自治区の二の舞いになる可能性もあり、沖縄県民の自重を願うとともに日本政府ならびに沖縄県民を含めた我々日本人は、目下の沖縄問題は小さいかもしれないが、将来の日本の国益を十分に考慮した真摯な行動を取る必要があることを強調したい。

資料3　沖縄ならびに在日米軍に関する資料

(1) 沖縄県の日本における面積

＊日本全土の面積：　377,923.14㎢.

＊沖縄県の面積　：　　2.275.28㎢.（全面積の約 0.6%）

(2) 沖縄県の主要米軍基地および駐留米軍の資料

＊嘉手納基地：沖縄市、嘉手納町、北谷町の 3 市町

　地主：2,720 人、賃貸料：24,656 百万円、従業員：2,720 人

＊普天間基地：宜野湾市、海兵隊の基地

　地主：2,842 人、賃貸料：5,380 百万円、　従業員：200 人

＊米軍施設数：32 ヶ所、総面積：約 228,000㎡（沖縄県の約 10%）

＊米軍の軍人、軍属および家族数：約 46,000 人

＊米軍基地がもたらす経済効果：約 1,680 億円（観光産業と同じ効果）

(3) 日本における在日米軍

＊都府県別駐留米軍兵士数		＊沖縄県の軍隊別米軍兵士数	
1. 沖縄県	約 26,460 人	陸　軍	約 2,800 人
2. 神奈川県	13,080 人	海　軍	1,300 人
3. 長崎県	3,700 人	空　軍	6,800 人
4. 青森県	3,610 人	海兵隊	15,560 人
5. 山口県	3,050 人	合　計	26,460 人
6. 東京都	2,970 人		

(4) 米軍基地の施設数および専有面積

	施設数	面積	占有率
日本全土	83	308,935㎡	100.00%
本土総数	51	80,861㎡	26.17%
沖縄県	32	228,074㎡	73.83%

（注）以上は 2010 年 3 月 31 日現在、防衛庁および沖縄県の資料による

(5) 海外各国における駐留米軍兵士数

1. 日　本	約 53,100 人
2. ドイツ	52,300 人
3. 韓　国	26,400 人
4. 英　国	9,700 人
5. 伊　国	9,200 人

(注) 米国国防省：2010 年 3 月末現在（韓国のみ 2008 年 3 月末）

(6) 日本が駐留米軍へ提供する“思いやり予算”

＊ 2011 年 1 月 21 日に“思いやり予算”特別協定に調印

＊ 2011 年分：1881 億円（以降 5 年間この金額を提供）

＊ “思いやり予算”は、米軍基地における住宅の施設整備費、光熱水費、並びに基地従業員給与に充当される（土地の借地費は別途日本側が負担）

(7) 米国政府が発表した駐留米軍経費の各国負担比率

	直接経費	間接経費	合　計	負担割合
1. 日　本	約 32.3 億ドル	約 11.8 億ドル	約 44.1 億ドル	74.5%
2. ドイツ	0.3 億ドル	15.4 億ドル	15.7 億ドル	32.6%
3. 韓　国	4.9 億ドル	3.5 億ドル	8.4 億ドル	40.0%
4. 英　国	0.1 億ドル	3.6 億ドル	3.7 億ドル	41.0%
5. 伊　国	0.2 億ドル	2.1 億ドル	2.3 億ドル	27.1%

(注) 1. 直接経費とは、予算として支出されるもので私有地にある米軍基地の土地代金、基地従業員給与、公共料金、基地周辺対策費をいう。

2. 間接経費とは、本来収入となるが政府が放棄しているもの、公有地にある米軍基地の土地代金、税金、関税などをいう。

3. この数値は 2002 年に米国の国防省が発表したもので、日本の負担が如何に大きいかを示している。これは安保条約締結によるものであり、自国の軍隊を持たず、他国へその安全保障を任せた代償といえる。

資料4　尖閣諸島問題の現状への正しい理解と認識が必要

現在日本には尖閣諸島、竹島、北方領土（南千島四島）という三つの領土問題があり、日本が実効支配しているのは尖閣諸島のみである。トランプ米新大統領の就任前の暴言に懸念した日本政府は、就任後早々に安倍首相自身が訪米して、尖閣諸島が日米安保条約で守られるとの確約を取り付けた。かかる現実を日本の一般国民はどのように理解したのであろうか。日本が戦後七〇年余も堅持してきた平和が、憲法第九条の遵守とあわせ、日本独自の経済力と軍事力によって維持されたものではなく、アメリカとの安保条約という裏付けがあってこそ成り立っていたという事実を認識させられた一幕であった。

尖閣諸島は国際法の「先占の法理」により日本が一八八五年（明治一八年）から一〇年をかけて無人島であった尖閣諸島（魚釣島、北小島、南小島）を調査し、一八九五年（明治二八年）一月に中国（当時の清朝）の支配が及んでいないことを確認して日本の領土としたとされている。かかる経緯から我々日本人は尖閣諸島をポツダム宣言で中国に返却した台湾に含まれない日本固有の領土と理解しているが、現在中国が「釣魚島」と称する自国領土であると内外に表明し、国内法でそれを規定して問題となっている。

日中間の尖閣諸島の現状について、世界諸国が国際領土紛争をいかに解決しているかとの点とあわせ、中国の尖閣諸島に対する今後の対応についての推測を含めて、この問題点を述べることとしたい。

㈠ 国際領土問題の解決方法に関する正しい認識

現在世界には四〇件を越す領土問題が存在するという。日本関係でも三つあり、北方領土はロシアとの話合中であるが、竹島は韓国に実効支配されて、日本が実効支配すべく具体的行動を起こさない限り紛争は起きない。国際領土問題の解決には戦争又は弱者の譲歩しかなく、関係両国の話合いでの解決もあるがゼロといってよいであろう。現在では国際司法裁判所（ＩＪＣ）による領土紛争の解決方法があり、一九六四年の設立以来一三件も解決した実績があるというが、ＩＪＣでの解決は紛争両国の同意が必要であり、竹島問題では日本が提訴したが韓国に拒否されて実現しなかった。

最近の国際領土問題の解決で有名なのは、フォークランド諸島（マルビナス諸島）を争った英国とアルゼンチンとの戦争である。英国が自国領土と称しているアルゼンチンの大西洋側にある小さな諸島をアルゼンチンが実効支配していたが、英国のサッチャー首相が自国領土を取り戻すとの強い方針を出し、はるか南米まで海軍を派遣して戦争を行った。

戦争は海軍力に勝る英国が当然勝利して英国の実効支配地となったが、アルゼンチンは現在もその領有権を主張している。

　中国も一九六九年に珍宝島（ダマンスキー島）の領土問題で当時のソ連と戦争を行い、戦争後の和平交渉で中間地区に国境を設定して解決した。

　譲歩とは、大国の強制力により小国がやむを得ず領有権を放棄する解決方法である。現在の中国のチベット領有がその例に当る。チベットは元来「吐蕃」と称した独立国で、朝鮮や琉球と同じく中国の朝貢国であった。二〇世紀になってイギリスの実効支配を受けて「ダライ・ラマ自治国」となっていたが、中華人民共和国設立後の一九四九年に中国の実効支配を受け、一九六五年に「チベット自治区」として中国に併合された。唯一面白い例が北極海の近くにあるハンス島という竹島より少し大きな島である。カナダとデンマーク両国が領有権を主張しており、この両国が半年ごとに軍隊を駐留させるという暗黙の了解により面子を保った平和的解決を図っている。

　なぜ冒頭にかかる説明をしたかとの理由は、領土問題とは大国であればあるほどいかに小さな領土であっても、大国の権威と面子の問題として実効支配のためには戦争も辞さないからであり、中国が尖閣諸島を台湾、新疆ウイグル自治区、チベット、南シナ海の南沙・西沙諸島海域と同様のレベルに置いて、国家の「核心的利益」として認定している重要性を認識していただきたいためである。

(二) 中華人民共和国が尖閣諸島を自国領土とした経緯と現状

事の発端は一九六八年（昭和四三年）に国連ＥＣＡＦＥ（アジア極東経済委員会）が尖閣諸島周辺の海底に石油などの地下資源が埋蔵されている可能性があるとの調査報告を出し、一九七〇年（昭和四五年）に台湾（中華民国）が「尖閣諸島は中華民国の領土」と表明したことに起因している。台湾を中国の一部とする中国外交部も一九七一年（昭和四六年）に尖閣諸島を中国領土と表明した。日本との国交正常化以前のことである。

一九九二年（平成四年）二月の全人代常務委員会で「中国領海および隣接区法」を制定、その第二条で「尖閣諸島は中国の領土」と規定すると共に、二〇一三年（平成二五年）四月二六日に尖閣諸島を公的に「中国の核心的利益」と表明した。

(三) 今後日本が表明するいかなる正当な理由も中国には通用しない

日本外交の失敗は、台湾（中華民国）が一九七〇年に尖閣諸島が中華民国の領土と表明した際に何の反論もしなかったことにある。

日本は一九四五年（昭和二〇年）のポツダム宣言受諾により台湾および澎湖列島を当時

の中国政府であった中華民国に返還し、その後に日華友好条約を締結したことにより、尖閣諸島は中華民国から日本領土として認められていた。当時まだ国交があった中華民国（台湾）が尖閣諸島を自国領土と表明したのであるから、日本政府（佐藤栄作内閣）は直ちに日華友好条約を基として、尖閣諸島が日本領土であることを主張し、確認を取り付けておくべきであった。

また一九七二年（昭和四七年）に中国と国交正常化を行った際に、当時の田中角栄内閣もそのよい機会に、中国が一九七一年に尖閣諸島を自国領土とした表明を取り消すように交渉すべきであった。当時の台湾（中華民国）を含めた日中関係からみれば、かかる交渉は可能であったと思われるが、日本政府は南の小さな島の領有権など念頭になく軽視したものと思われる。領土は国家の権威と面子の問題であり、かかる処置を適切に行わなかった日本政府の失政が現在の問題を引き起こしたと言える。

中国は既に中国領海および隣接区法で法的に尖閣諸島を中国領土と規定すると共に、尖閣諸島を核心的利益としている。今後日本がいかに過去の歴史的理由を述べ、尖閣諸島が日本領土であるとの正当性を主張しても、今や中国に日本領土と認めさせることが全く不可能な事態となっている実情を我々は認識する必要がある。

㈣　尖閣諸島に対する中国の今後の方針の推論

習近平政権は「太平洋は米中両国で管轄できる地域」と表明している。これは台湾や尖閣諸島を自国領土として西太平洋へ出る海路が開かれることを意味しているが、その壁となっているのがアメリカの国内法である「台湾関係法」と日米安保条約である。中国はアメリカの太平洋艦隊と十分に戦争ができる軍備が整うまで、尖閣諸島についてこのまま現状を維持するものと思われる。

中国は二〇一七年（平成二九年）三月の全人代で、今年度の軍事予算を一兆元（約一七兆円）としたが、他の予算に隠れた実質的国防費を入れるとこの三倍になるという。また今後は海軍力の増強を図る方針を出しており、一〇～一五年後には航空母艦を最低三隻保有した、アメリカ太平洋艦隊にある程度まで対抗できる海軍力を保有する軍事大国となるのは間違いない事実である。習近平政権の「中華民族の偉大な復興を実現する」という政治方針は、習近平総書記が任期を終える二〇二二年後も継続されるのは間違いないので、中国が実質的行動を起こすのは、かかる海軍力を備えた時期と推定される。

航空母艦三隻および一級巡洋艦や潜水艦を多数公海に配置した中国が、海警局を表に出して民間の漁船数百隻で尖閣諸島領域内に侵入し、民間人の漁民に扮した中国最精鋭軍が釣魚島に上陸して建造物を作り、五星紅旗を掲げて実効支配した状況を想像してほしい。

かかる状況下では、アメリカは太平洋艦隊を派遣しても実際的介入ができず、見守るしかない。中国が海警局を表に出しているので、日本は海上保安庁の対応となるが、中国の民間人に扮したプロが相手なので適切な対応は不可能であろう。日本は海上自衛隊を派遣して、中国との戦争を覚悟して中国漁民を排除するか、あるいは海上保安庁の軍事力を強化して、武力鎮圧できる体制を整えておく以外に方策はない。

海上保安庁の武力強化は最低一〇年は必要であり、日本政府にかかる決断を今現在できるか否かが問題である。尖閣諸島問題について「日米安保条約があれば問題なし」とすることが出来ない状況が存在することを、我々は十分に認識する必要がある。

第九章　習近平政権誕生に小泉首相が多大な貢献

ここで筆を休めて、小泉首相が在任中に行った六回の靖国神社参拝が江沢民に大いに利用され、日中友好に大いにプラスとなったであろう李克強政権の誕生を阻害し、習近平政権の誕生に多大な貢献と寄与をしてしまったという「笑い話」をしてみよう。

中国はご承知の通り共産党の一党独裁による政治体制をとっている。その中核が共産党中央委員会であり、二〇一七年（平成二九年）一〇月の第十九期党大会で二〇四名の中央委員が選出された。その実質的運営をしているのが政治局で、中央委員の中から政治局委員二五名が選ばれて、それぞれ国家の重要な役職を担当している。その中枢機関がこの二五名の中から選ばれた政治局常務委員七名であり、習近平が党総書記、国家主席、党中央軍事委員会主席としてトップの座を占め、次席が国務院総理の李克強である。

したがって中国共産党では中央委員会の候補委員になることが、党幹部として出世する第一歩となる。中央委員会の面白い点は、政治局の委員および常務委員には序列があり、また候補委員も委員に欠員が出た際に昇格させる必要があるため序列があるが、中央委員には序列がなく、中国で使用されている簡体字による氏名の画数順に並ぶことである。

要は中央委員になると過去の昇格序列は消滅し、その後の出世は五年ごとに開催される党大会直前の党内における政治勢力によって政治局員と政治局常務委員への昇格とその序列が決まるシステムになっている。なお中央委員には「七上八下」という定年規定があり、党大会開催時点で満六八歳に達した者は退任することになっている。第十九期党大会開催時点で常務委七名のうち六八歳未満は、習近平と李克強の二名のみであり、他の五名が交代して現在のメンバーとなった。

この定年規定は毛沢東のような独裁者が出ることを避け、共産党を政治局常務委員の集団合議制で運営させるために鄧小平が考え出した内部規定と言われており、党の規定として文書化されたものではない。胡錦濤は退任時に党総書記も党軍事委主席もともに習近平へ委譲したが、江沢民は鄧小平の実績を踏襲して、胡錦濤へ総書記を委譲した際に軍事委主席だけは二年間も譲らなかった経緯がある。

(一) 習近平の生涯最大の屈辱と江沢民が傀儡とすべく習近平を起用した経緯

習近平の生涯最大の屈辱は、一九九七年の第十五期党大会で中央委員会候補委員に昇格した際に、一五一名中の一五一位であったことである。一九八七年の第一三期が一一〇名、一九九二年の第一四期が一三〇名であったことから、習近平は元老・習仲勲元副総理の息子として例外的に候補委員に引き上げられ、実力では候補委員になれなかったことが共産党内では周知の事実となっている。英才の誉れが高かった李克強はこの時点で既に中央委員になっており、習近平を遥かに凌駕して出世していた。かかる習近平の劣等感がその後の党大会の席上で必要以上に李克強より偉く見せる態度を取らせていると言われている。

胡錦濤の総書記就任は鄧小平が生前に決めており、権力意識が非常に強かった江沢民も自分が院政を布くための後任人事ができなかった。当然胡錦濤の後任総書記の座を巡って江派と団派の間で激しい内部闘争があった。江沢民は院政を布くべく胡錦濤の後任として陳良宇上海市党委書記を育てていたが、陳良宇が胡錦濤によって失脚させられたため、その時点での後任総書記は、李克強が絶対的に優位な立場にあった。

かかる状況下で江沢民が巻き返しのために目を付けたのが紅二代の習近平であり、習近平を江沢民へ推薦したのは側近で紅二代のボス格であった曽慶紅であった。曽慶紅が推薦した理由が「習近平は血筋と性格はよいが、何もできない平凡な人間」とのことであり、習近平は総書記就任後に非常に強い政治姿勢を見せているが、それまでは、文革時に下放された苦い経験とあわせ、父親の習仲勲が毛沢東側近の康生から受けた讒言《ざんげん》により文革時を含めて一五年間も拘束された苦労を承知していたため、他人に嫌われぬよう、非常におとなしく身を処していたという。かかる従順さと習仲勲の息子という毛並みのよさが、傀儡《かいらい》として院政を布くための適材として江沢民の目に適ったと思われる。

(二) 習近平が李克強を凌駕して総書記となった経緯

胡錦濤は胡耀邦の部下として親日政策を担当していた関係から、総書記就任後に江沢民が起こした愛国主義教育を抑え、何とか日本との友好関係を復活させたいとの強い気持ちがあったのは間違いない。その具体的な例証が二〇〇五年九月三日の抗日戦争勝利記念日に行った国内向けの演説であり、それに託して小泉首相に靖国神社参拝を止め、日中関係の改善に努めるようにとのメッセージを送った。誠に遺憾ながら小泉首相は全くそれを理解できなかったのか、あえてそれに当てつけるように翌一〇月に靖国神社参拝を行った。

結果として、胡錦濤のせっかくの好意は無為に帰し、逆に江沢民および江派から胡錦濤は「親日派」よりさらに厳しい「媚日派」として非難され、団派の政治的基盤が大いに弱まってしまった。かかる状況下で行われた二〇〇七年の第十七期党大会で、胡錦濤は発言力を失い、団派の李克強を政治局常務委員に引き上げたが、序列は習近平より下になってしまった。これにより、二〇一二年の第十八期党大会で習近平を総書記とする布石ができて、江沢民および江派の大勝利に終わった。

(三)　江沢民の大誤算となった習近平の反撃

中国で紅二代と称する共産党高級幹部の子弟は、子供の時代から中南海で一緒に育ち、さらに高級幹部の子弟のための学校でともに勉強した関係上たいへん仲がよい。またかかる育ち方をしているので、共産党員としても一般庶民から党員になった者とは一線を画した、非常に気位の高い貴族的な性格を持っていると推定される。紅二代を日本では「太子党」と訳しているが、紅二代が「党」と見なされる派閥を組んでいる訳ではない。

紅二代の貴族育ちの気位の高い習近平としては、団派の李克強に出世が遅れたこととあわせ、庶民出身の江沢民に院政を布くための傀儡として選ばれたとのことについて、内心では非常に屈辱感と劣等感を感じていたと思われる。

習近平は総書記就任が確定した二〇一二年秋に二週間ほど謎の入院をし、密かに一〇〇名以上の紅二代の仲間と会ったと言われており、この時に総書記就任後に江沢民の院政を阻む構想と紅二代の中から起用する人材を選ぶ構想が作られたという。江沢民の院政を阻むことは、胡錦濤および団派としても望むところであり、失脚した団派の令計画および薄熙来とあわせ、江派の周永康、徐才厚をいわゆる「新四人組」として排除し、汚職撲滅という大義をかざして江派の重鎮を次々と失脚させて、江沢民が企図した院政を潰してしまった。手足をもがれた江沢民はなす術もなく、習近平起用が江沢民の大誤算となってしまった。

(四) 習近平政権樹立に小泉首相が多大の貢献と寄与をしたという笑い話

小泉首相の六回にわたる靖国神社参拝の都度、中国政府は大々的な官製反日デモを起し、その結果として、日本首相の靖国神社参拝が、反日思想をベースとした江沢民の愛国教育運動を中国国民に徹底させるための非常に便利な手段になるとともに、共産党一党独裁維持に問題が起こったときに大いに利用できることを中国政府に理解させてしまった。

また胡錦濤が日中関係改善を目指して二〇〇五年九月の抗日戦争勝利記念日に行った演説を介して暗々裏に小泉首相に靖国神社参拝を止めるようにメッセージを送ったが、それに面当てをするように翌一〇月に小泉首相が靖国神社参拝を行ったため、胡錦濤は中国人の立場として最悪な「媚日派」として糾弾され、党内部の発言力を失って、江沢民に習近平政権を誕生させてしまった。

これは「もし」という仮定の話だが、もし小泉首相が、中曽根首相が靖国神社参拝を取り止めた真意を正しく理解するとともに村山談話を踏襲し、六回にわたる靖国神社への参拝などは行わず、愛国運動を起こした江沢民時代にも親中方針を貫き、胡錦濤時代には積極的に協力して日中友好関係の推進に尽力したと仮定すると、江沢民が発動した反日思想を基とした愛国運動を国内で徹底させることができず、さらに胡錦濤時代に大いに日中関係の好転が図れたと思われるので、当然団派の李克強が総書記に就任し、胡耀邦時代に謳歌した日中友好関係の再来が実現できたかも知れず、また日本の国連常任理事国入りも実現していたかもしれない。

要は、小泉首相が六回にわたる靖国神社参拝を強行したことにより、江沢民に側面的に大いに協力し、江沢民が企図した習近平政権の誕生に多大な貢献と寄与をしたという「笑い話」になる次第である。「笑い話の裏には、常に真実が含まれている」という言葉があることを思い出してほしい。

第十章　習近平の第一期政権が狙った目標とその成果

習近平は二〇一二年の第十八期党大会で総書記に選出され、その第一期政権を発足させたが、五年を経た現在、その政治目標が「江沢民の院政潰し」と「中国国民の支持を得た確固たる習政権の確立」であったことが明白であり、逆説的に言えば、まず「党内で習近平の絶対的権威を確立すること」であったといえる。結論として、習近平の第一期政権はこの目標を達成したと言えよう。

江沢民は陳良宇上海市書記を胡錦濤の後任にして、ポスト胡で院政を布き、政治権力を維持すべく予定したが、陳良宇は胡錦濤に失脚させられてしまった。江沢民はやむなく側近であり、太子党のボスであった曽慶紅が推薦した習近平を傀儡の総書記とすべく、薄熙来を追放し、団派の令計画を失脚させるなど、種々手を尽くして習近平総書記を実現させた。

しかし、習近平は過去に江沢民と何ら個人的関係がなく、紅二代という矜持《きょうじ》もあって、総書記就任後にまず江沢民の院政潰しを行ったため、江沢民の大誤算となってしまった。第一期政権を説明するにあたって、習近平とはいかなる人物かを見ることとする。

前述の通り、現在日本では党高級幹部を親に持つ二世を「太子党」と称しているが、中国語に「太子党」という言葉はない。「紅二代」と「官二代」という表現があり、「紅二代」とは国民党との革命戦争を経験した党高級幹部を親に持つ二世であり、他方「官二代」とは革命戦争の経験がない党高級幹部を親に持つ二世を指している。革命戦争を経験した党高級幹部は、新中国建国後に北京の「中南海」という特別区域に住居を持った。「紅二代」と称されるその子弟は、小さい時から「中南海」で一緒に育ち、高級幹部子弟用の特別な幼稚園と学校で一緒に学んだので、非常に仲がよいという。当然かかる環境の中で育った子供たちは、特別な権威意識を持っており、「紅二代」と称される現在の党幹部は、共産党の中では貴族階級（中国語で「権貴階級」という）であることを理解する必要がある。

以上を前提として、習近平第一期政権が狙った目標とその成果を述べることとしたく、以下習近平を囲む「太子党」を実際に則して「紅二代」として説明する。

㈠ 習近平総書記が就任後最初に表明した政権目標

習近平は総書記就任にあたり「歴史のバトンを受け継ぎ、中華民族の偉大な復興を実現する」との新方針を打ち出し、再三「中国の夢」という言葉を口にした。古来中華思想とは、世界の中心に「中華」という文明に秀でた漢民族の国家を置き、周囲の東夷、南蛮、西戎、北狄と称する蛮族を統治する思想である。中国が「清」と称し、康熙・乾隆両帝が統治した時代までは、世界に冠たる中華民族であったが、一八四〇年の阿片戦争以降に海外列強諸国の侵略を受け、近代化への切りかえが遅れて、その地位は大きく低下した。

中国の為政者の頭の中に常に先祖伝来の中華思想が根強く残っていることは疑う余地がなく、鄧小平が改革開放政策を推進した際もあえて「韜光養晦」、すなわち「中国人としての才能を隠して外に表さず」という言葉を使った所以も中国人としては当然なものであろう。

習近平の過去五年の発言と政策を見ると、習近平が強調した「中国の夢の実現」とは、鄧小平が表明した「韜光養晦」として雌伏した時代を脱し、かつてアジアの覇者であった康熙・乾隆両帝時代の版図に戻すことを目指していることは間違いなく、北のロシアは別として、太平洋を挟んで、欧米の覇者をアメリカとし、アジアの覇者を中国とした、アメリカに比肩する強国の実現を目指した意思表明と言えよう。

習近平は総書記に就任するにあたり、事前に紅二代の仲間と十分に意見交換をして、かかる遠大な方針を決定したと思われ、子供の時から共産党の特権階級として育ったからこその発想といえる。毛沢東が一九三九年に発表した「中国革命と中国共産党」を自分なら実現できるとの強い意思を持ち、一九四〇年に発表した「新民主議論」の正当な後継者としての信念を持って、かかる方針を打ち出したものと思われる。共産党の貴族育ちの習近平の目には、江沢民も胡錦濤も庶民上がりの総書記に過ぎず、毛沢東思想を受け継ぎ、共産党国家として中国を領導する資格に欠けていたと映っていたのかもしれない。

ちなみに「中国革命と中国共産党」には、「中国革命の目標は、清時代の中国の領土および属国を回復し、アジア諸国の民主化（要は共産化のこと）を実現する」とのことを謳っており、その領土には「沖縄」が含まれ、属国には「日本」が含まれているという

(二) 江沢民の院政を徹底的に潰すことが習近平の第一目標であった

二〇一二年の第十八期党大会は江派の圧倒的勝利に終わった。常務委員七人のうち団派は李克強ただ一人、習近平以下の六人は全て江派で、江沢民の圧勝と見られていた。

習近平にとって、まず江沢民の院政を潰すことが第一目標であり、胡錦濤率いる団派も側面から協力したのは論をまたない。習近平の対抗馬であった薄熙来（重慶市書記）と団

派の令計画（中央弁公庁主任）は、事前に江沢民率いる江派が追放していたので、習近平は軍を握っていた江派の徐才厚と郭伯雄（ともに党中央軍事委副主席）を排除するとともに、最大目標であった江派の重鎮で「公安」を握っていた周永康政治局常務委員を二〇一五年に追放した。周永康逮捕の理由が、周永康および関係者を含めた収賄規模が一〇〇億元（約二兆円）と巨額であり、また国家機密漏洩の罪もあったので、「執行猶予付き死刑」が予想されたが、結果は「無期懲役」であった。

周永康は公安のトップとして党重鎮の裏の裏まで全てを承知しており、無期懲役になったのは、今後沈黙を守る対価としての裏取引があった判決と噂されている。

なお公安のトップであった周永康をそのまま放置すると、江沢民の院政潰しを推進した際に、過去の公安の人脈を使われ、習近平が暗殺される可能性が十分にあった。中国には「刑不上常委」という、「政治局常務委員になったら刑事罰を問われない」という不文律があったが、習近平には、あえてこの不文律を破ってでも周永康を抹殺する絶対的な必要性があった次第で、結果としてこれが江沢民の院政を潰す最大の成果となった。

中国共産党の高級幹部で汚職に関与していない者は皆無といわれている。中国での反腐敗運動は政争の具として使われており、汚職で断罪されたということは、政争に負けた結果と同義語である。今年の大きな話題は、胡春華広東省書記とともに将来の共産党を担う若手の逸材とされていた孫政才重慶市書記が七月に反腐敗運動の一環として突然失脚させられたことであり、これは八月の北戴河会議を前にして強力な習近平第二期政権を作るための布石ではと称された。ちなみに習近平一族の資産は三〇〇億円もあると言われており、最も清貧な政治家と称された朱鎔基元首相ですら、その子弟や一族が政府や国営企業の要職を占め、相当な資産があると言われている。

習近平は下放時代の兄貴分であった王岐山党中央規律検査委書記を使って、江派の幹部や関係者とあわせ多くの地方幹部を摘発しているが、最初に「大トラを叩く」と称したにもかかわらず、江沢民やその一族および電力を握る李鵬一族を含めた党の長老や、江派の重鎮で紅二代のボスであった曽慶紅などには一切手を出していない。かかる実情を知らない中国国民は、習近平の反腐敗運動を大歓迎しており、国民の多大な支持を得る絶好な手段となっている。

㈢　習近平が中国国民の支持を得るために採った各種施策

習近平第一期政権が採った国内施策や外交政策を見ると、既述の反腐敗運動を含めて、その全てが自分の権威付けと中国国民の支持を得るためと思えるところが面白い。特に、中国国営テレビ「中央電視台」が放映する習近平のビヘイビアの全てが、中国国民に見られることを意識して行われていることを我々は理解する必要がある。以前江沢民が総書記として来日し、国賓として宮中に招待された際に国民服を着た上で、あの礼を失した態度をしたのも中国国民に見せるための演出と言われており、それと全く同じ行動である。

例えば、二〇一四年一一月に北京で開催されたAPECにおいて、習近平によるオバマ米大統領との時間をかけた笑顔での交流と接待は、中国が既にアメリカと比肩する世界の大国になったことを、強く国民に印象付けることを目的としたものであり、一方安倍首相をあえて国旗も飾っていない部屋に迎え、堅い顔をして面談したのは、靖国神社参拝を行った安倍首相とは元来全く会うつもりがなかったが、安倍首相から強く要請され、APECのホストとしてやむを得ず会談に応じたとの姿勢をテレビの放映を介して国民に示すためであった。

二〇一七年七月のハンブルクにおける日中首脳会談も、日本側は非常になごやかな雰囲気であったと公表したが、中国側の要請により安倍首相が習近平のホテルを訪問しての会談であり、最初は非常に堅い顔で握手をしたという。中国の国内テレビが放映したのはこの部分のみで、常に中国はかかる演出を行っている。国民の支持を得るために行った施策の具体例は下記の通りである。

①　習近平は、総書記就任直後の二〇一二年一二月に共産党員が守るべき八項目の規定「八項規定」を発表し、さらに二〇一三年一月に共産党員がしてはならないとした「六項禁令」を公布した。これには会議の簡素化、外国出張の規範化、要人の警備活動の改善、接待や宴会を禁止した勤倹節約の励行などが含まれており、それまで贅沢を尽くし横暴を極めていた共産党員の振る舞いに嫌悪していた中国国民に非常に好感を与え、喝采を受けた。

②　二〇一三年一一月の三中全会で「改革全面深化の若干の重大問題に関する中国共産党中央の決定」を発表した。これは全一六章六〇項目にわたる膨大なもので、現在中国が抱える問題点全てを包含していた。これは現在の中国国民が抱える不満の全てに触れているということが出来、新政権が自分のため何かをしてくれるとの希望を国民に与えた。

③　同年三中全会で「トラもハエも叩く」とした共産党幹部の汚職摘発方針を打ち出し、多大なる国民の支持を獲得した。汚職摘発は党中央紀律検査委の王岐山書記指導のもと積極的に推進され、二〇一三年は七七〇〇〇人、二〇一四年は二万三六〇〇〇人、二〇一五年は三万四〇〇〇〇人で、中国国民の多大な好評を得たという。

④　二〇一四年六月に「香港特別行政区における一国二制度の実践」と称する白書を発表し、香港が党中央の指導のもと運営されることを国民に示した。本年七月一日の香港返

還二〇周年記念日に、習近平はその成果を「香港の一国二制度は成功を収め、世界がその成功を認めた」と誇ったが、これも本土の中国国民向けの発言である。

⑤ 中国経済の発展に歪みが出ているが、二〇一四年一一月に中国の「新常態」を発表、習近平政権が進めている経済政策の妥当性を国民に認識させ、納得させた。

⑥ 二〇一四年一二月、小康社会の達成、改革の深化、法治社会の推進、厳しい党による統治の四つを全面的に達成させる「四つの全面化」を発表。国民に二〇一三年に公表した「改革全面深化政策」の積極的推進を強調した。

⑦ 習近平は二〇一五年九月三日の抗日戦争勝利七〇周年記念日に、名称を「反ファシズム戦争勝利七〇周年記念日」とした軍事パレードを挙行した。軍事パレードは元来一〇月一日の国慶節に行われていたが、六五周年は二〇一四年で過ぎてしまい、次回の七〇周年では二〇一九年になってしまう。習近平は何とか本年秋の第一九期党大会の前に軍部を掌握した自分の姿を強く中国国民に印象付ける必要があり、あえて九月三日に「反ファシズム戦争勝利七〇周年」と名称を変えて軍事パレードを行ったと思われる。

㈣ 習近平が共産党トップとしての権威を示すために採った施策

江沢民が習近平を傀儡とすべく総書記としたのは、共産党内では衆知の事実であり、習近平の第一期政権では、何としてでも総書記としての絶対的権威を確立し、二〇一七年秋に開催された第十九期党大会で、共産党領袖としての権威を盤石なものとした第二期政権を作る必要があった。そのために習近平が採った施策は下記の通りである。

①　共産党内にいろいろと新組織を作り、習近平が全てを掌握した。

従来は総理がトップであった中央財政経済指導小組を含めて、その全てのトップとなった。これは習近平自身の強い意向によるもので、自分の共産党内における権威を党員および国民に示すのが目的であったという。

習近平がトップの座についたのは、中央全面進化改革指導小組、中央財政経済指導小組、中央インターネット安全指導および情報化指導小組、中央外事指導小組、国防および軍隊改革深化指導小組などの組長ならびに中央国家安全委員会の主任などである。

②　二〇一六年一〇月の六中全会で習近平は党中央の「核心」となった。

過去に党中央の「核心」と称されたのは、毛沢東、鄧小平および江沢民の三名のみで、それに比肩する共産党の偉大な指導者としての地位を党員および国民に示した。

江沢民と同じく、習近平も自分の権威付けのため党中央の「核心」になったが、胡錦濤は個人崇拝に繋がるとして、かかる措置は採らなかった。

③　言論統制が江沢民時代より非常に厳しくなった。

現在、習近平政権は言論統制を強めており、これは共産党一党独裁維持のために必要な措置かもしれぬが、要は習近平の権威維持のために改革派や批判派を抑える言論統制と言うべきであろう。ちなみに中国の憲法第三五条に「中華人民共和国の公民は、言論、出版、集会、結社、パレードおよびデモの自由を有する」と規定されているが、全く無視されているのが中国の実情である。

＊二〇一三年五月に「七不講」という通達を出し、「人類の普遍的価値、報道の自由、公民社会、公民の権利、党の歴史的錯誤、権貴資産階級、司法の独立」という七つの分野について大学の授業で取り上げることを禁止した。なお「権貴資産階級」とは、党中央の権力者で、「紅二代」と称される共産党の貴族階級も含まれる。

＊二〇一六年二月に習近平がメディアを集め「国営メディアは党と政府の宣伝機関であり、党という姓を名乗れ」と訓示して、党への忠誠を求めた。

＊二〇一六年一〇月にSNSの内容を調べ、刑事事件の証拠とできる法律を制定した。

＊二〇一七年六月にネット上の言論統制を強化する「インターネット安全法」を施行した。中国のネット利用者は九億人と言われており、ネットの管理と統制をさらに強めた法律である。改革派や習近平発言を批判したサイトが次々と閉鎖されており、企業家の任志

強氏、経済学者の茅于軾氏、北京大学の賀衛方教授のサイトがその例である。

④ シルクロード経済圏構想を謳った「一帯一路」で中近東や東欧市場を押さえた。重慶とドイツのデュイスブルクを鉄道で結び、中東や東欧を通って欧州に至る市場を中国が押さえた。これは安価で早く中近東、東欧、西欧へ中国の商品を運ぶ、非常に重要な商業政策であり、あわせて中東の各種資源を中国へ安定供給する道を確保した。

これを支えるのがＡＩＩＢ（アジアインフラ投資銀行）であり、今後一七兆円の投資をするという。ＡＩＩＢの加盟国は八〇ヵ国で、Ｇ７では日米両国のみが加盟していない。ＡＩＩＢの出資率はＧＤＰをベースに決められており、当然中国が最大出資者で、中国のみが投資案件決定についての拒否権を持っている。ＡＩＩＢが行う全ての融資は中国の利益に繋がり、中国が最大の受益者である政策であることは論をまたない。中国がかかる政策を推進できるのは、三兆米ドルという巨額な外貨保有が裏付けとなっており、習近平政権の多大な権威付けとなっている。

⑤ 共産主義青年団（共青団）外しを鮮明にした。二〇一六年二月に党が共青団に対して「官僚化、貴族化などの問題が存在する」と指摘して改革を命じた。また秦宜智共青団第一書記が第十九期党大会の代表に選ばれず、閑職の国家質量監督検験検疫総局副局長に任命するなど、共青団の弱体化を行っている。

⑥ 共産党中央軍事委員会の権限を掌握する基礎作りをした。毛沢東や鄧小平が信望した言葉が「政権は銃口から生まれる」であり、江沢民は総書記退任後も党軍事委主任だけは固守し、胡錦濤に譲ったのは二年後だった。江沢民は、党軍事委員を子分で固めて実権を押さえていた。

習近平はまず江派の郭伯雄、徐才厚両副主席を失脚させ、次々江派の軍人を排除し、最終的に郭伯雄の後を継いだ房峰輝参謀長、張陽政治工作部主任も失脚させた。その後任および軍部首脳に息のかかった軍人を次々と据えており、第十九期党大会で党軍事委員を習派の人間で占めるべく、完全に軍部を掌握する基礎作りを行った。

㈤ 習近平は「之江新軍」と称する自分の派閥を着々と構築している

習近平は、党内に派閥を作ることは許さずと表明しながら、自分は着々と自分の派閥を構築しており、メディアはこれを「之江新軍」と称している。

「之江」とは浙江省にある銭塘江の別名である。習近平は浙江省書記の時代に「哲欣」というペンネームで浙江日報の「之江新語」というコラムを担当して、その時々の政治その他をやさしく解説した連載をした過去があり、メディアは習近平が作っている新派閥を「之江新軍」と称した。習近平が「之江新軍」として引き上げた派閥の人材は多士済々で、今後ますます増加傾向にある。

＊河北省：栗戦書党中央弁公室主任

＊福建省：何立峰国家発展委員会主任、黄坤明党中央宣伝部常務副部長

＊浙江省：李強江蘇省書記、鐘山商務部長、陳敏爾重慶市書記、蔡奇北京市党書記

＊上海市：陳豪雲南省書記、杜家毫河南省書記、滬寧党中央政策研究室主任、丁薛祥総書記弁公室主任、陳豪雲南省書、杜家毫河南省書記、応勇上海市長

＊学友：陳希党組織部常任副部長（清華大）、劉鶴党中央財経領導小組弁公室主任（八一中学）

＊友人：李奇遼寧省書記（陝西省）、劉源総後勤務部政治委員（紅二代）、許其亮軍委副主席（紅二代）、張又侠瀋陽軍区司令官（紅二代）、劉亜洲国防大政治委員（紅二代）

＊その他：巴音朝魯吉林省書記、夏宝竜浙江省書記、李鴻忠天津市書記など

（註）上記役職は第十九期党大会前の時点のもの。

第十一章　習近平第二期政権の成立と目指す目標

二〇一七年（平成二九年）一〇月一八日より二四日まで中国共産党の最大行事である、第十九期中国共産党大会が開催され、二五日に中央委員第一回全体会議（一中全会）が開催された。

第十九期中国共産党大会へは八九〇〇万人の共産党員を代表する二二八〇人の党員が参加した。過去五年の党活動の総括と今後五年の党方針を発表するとともに、二〇四名の党中央委員会委員ならびに約一五〇名の党中央委員会委員候補が選出され、さらに一〇月二五日の一中全会で、党総書記とあわせ、党中央政治局常務委員、党政治局委員、中央書記処書記、党軍事委員会および党中央規律検査委員会のメンバーが選出された。

党大会における習近平総書記の政治報告は三時間半という長いもので、過去五年の成果を大々的に謳い上げるとともに、建国一〇〇年目となる二〇四九年一〇月までに中国を世界一流の強国にするというもので、「新時代」の到来を三五回も繰り返し、また中国国民が耳に親しんでいる〝五星紅旗は風に翻る〟で始まる革命愛唱歌「歌唱祖国」の歌詞にある「繁栄富強」という言葉を何度も強調した。これは中国の共産党員および一般国民に対する極めて力強い呼び掛けであり、万雷の拍手をもって受け入れられたと言えよう。これによって習近平の権威の強化が鮮明となり、習近平第二期政権は順調な一歩を踏み出したと言える。その詳細を下記の通り説明する。

(一) 今後五年間の政治方針

習近平は今回の政治報告において、総書記就任時に表明した「中華民族の偉大な夢を復興する」という方針の堅持を強調し、二〇三五年までに「社会主義の現代化」を実現するとともに、建国一〇〇年目を迎える二〇四九年までに総合的な国力および国際的な影響力を持った「社会主義現代化強国」を実現すると表明した。

(二) 長老の面子を配慮した政治局常務委員の選出と習近平の実質的権力把握

国営新華社通信によれば、習近平は四月から六月にかけて指導者や党長老五七人と面談して、新指導部の人選について意見や推薦を求めたという。また党大会での政治報告後に江沢民や胡錦濤と二度も握手をして先輩への敬意を表することで、中国国民へ対する習近平率いる中央政治の安定化を強く示す演出を行った。

今回の政治局常務委員七名は、習近平（六四）、李克強（六二）、栗戦書（六七）、汪洋（六二）、王滬寧（六二）、趙楽際（六〇）、韓正（六三）であり、派閥的に言えば、習近平、栗戦書、趙楽際が習派、李克強と汪洋が団派、王滬寧と韓正が上海育ちの江派として、江沢民や胡錦濤の顔を立てた人事と見られるが、習近平も上海市書記として王滬寧や韓正を部下として使っており、実質的には習近平が実権を持った人事となった。

また政治局員一八名の名簿は本章末の「資料５」に記載するが、この内の一〇名が習近平が引き上げた股肱の部下であり、習近平が実質的権限を把握したものになっている。

(三) 習近平は慣例破りの後継者排除の人事を行った

習近平は、政治局常務委員に王岐山（六八）を何とか留任させたいとの気持ちとあわせ、股肱の臣たる陳敏爾重慶市書記（五七）を平局員から二段階引上げで常務委員に就任させたい気持ちが強かったが、周囲の反対で実現しなかったと言われている。

そのためかもしれぬが、今回の政治局常務委員選出の特色は、常務委員全員が六〇歳台である。従来の総書記による第二期政権では、政治局常務委員に必ず次世代を担う五〇歳台の若手が選ばれていたが、今回は次世代のリーダーと目された胡春華（五四）ならびに陳敏爾（五七）が常務委員に選ばれなかった。この結果関係者の間では、習近平が五年後に絶対的権力を行使し、「七上八下」の慣例を破って第三期目以降も総書記として政権を担当するのではとの噂が流布されている。

㈣　習近平は軍部中枢を全て自分の関係者および部下で固めた

習近平は一九七九年に清華大学卒業後、党中央軍事委へ配属され、後に国防相となった父・習仲勲の戦友・耿飈の秘書を務めて軍部内に人脈を持った。さらに福建省や浙江省で勤務した二〇年間に旧南京軍区（現東部戦区）の機関幹部を兼務して、同軍区の幹部との関係を深めた。

習近平は党中央軍事委員会主席として、軍制服組がトップに就く副主席に、福建閥で紅二代の許其亮ならびに父親同士が戦友であった張又俠を就任させた。その他劉源総後勤部政治局員は紅二代の仲間、またベトナム戦争の英雄だが江沢民に干されていた李作成を統合参謀部参謀長に起用するとともに、福建省時代の仲間であった韓衛国を陸軍司令官、苗華を政治工作部主任、宋普選を後勤保障部長、丁来抗を空軍司令官としてそれぞれ起用し、また中将である沈金竜を海軍指令官に抜擢するなど、全ての軍部の要所を自分の関係者で固めた。「政権は銃口より生まれる」をまず実現した点を注目すべきである。

(五) 中国経済はまだまだ課題が山積している

習近平は人事面では一応盤石とも見られる体制を築いたが、第十九期党大会の政治報告で、国内総生産(GDP)が世界第二位となり、デジタル経済が勃興し、広域経済構想の「一帯一路」が始動するなど、「経済面で歴史的成果を挙げた」と自賛したものの、実際にはまだまだ課題が山積した状況にある。胡錦濤時代に着手した景気対策がもたらした不動産バブルや国有企業の過剰設備、環境問題整理などの課題は残されたままである。

過去五年はこの負の遺産の処理に追われた面があるが、必要が指摘される固定資産税の導入などの抜本的改革にはおよび腰であり、国有企業の改革も全く進んでおらず、当然地方政府の債務増加にも歯止めがかかっていない。二〇二〇年までに「小康社会」を作るという目標達成のためにも、今後五年間は経済問題が重要課題になることは否定できない。

(六) 習近平が狙っているのは「共産党主席」ではなかろうか

今回の第十九期党大会では、党長老の面子を配慮しつつも、習近平が権限を最大限に発揮できる体制を構築した。特に下記四点での権威付けを行ったので、目下二〇二二年の第二〇期党大会において、六九歳となる習近平が「七上八下」の規定を破って、第三期政権を継続するのではという話が噂されている。

① 二〇一六年一〇月の第十八期六中全会で、習近平は毛沢東、鄧小平、江沢民に肩を並べる「党中央の核心」との称号を獲得した。

② 第十九期党大会で、党規約の行動方針に「習近平の新時代の中国の特色ある社会主義思想」という、自分の名前付の政治理念を盛り込んだ。名前の入っていない江沢民および胡錦濤を凌駕し、毛沢東の「毛沢東思想」および鄧小平の「鄧小平理論」に次ぐもので、共産党内の多大な権威を得たことになった。

③ 習近平は第一期政権において、中央国家安全委員会とあわせ、中央財政経済指導小組など数多くの小組を作り、その全てのトップとなった。特に中央財政経済指導小組は従来、総理がトップとなって経済を指導していたが、習近平が組長となったことで、経済通と言われた李克強総理の経済面での指導力が消滅したと見られている。

④ 従来軍部の兵士の党軍事委主席に対する呼称は「首長」であった。習近平は軍事パレードを行った際に、これを「主席」と改めさせた。

現在の政治局委員は六八歳が定年となっているが、共産党の内規には総書記および軍事委主席の定年規定がない。これが習近平が二〇二二年の党大会で、総書記として第三期政権を続けるのではという噂の根拠となっている。

しかし、過去に毛沢東主席の下で鄧小平が総書記を務めた実績があるので、習近平が目下心の中で期しているのは、彼の「中国を世界の強国として、中華民族の夢を実現する」という言動から推測すると、五年後の第二〇期党大会で、過去の毛沢東主席の実例を踏襲して「共産党主席」を復活させ、終生「党主席」として君臨することではないかとのことである。一応の推測として述べさせていただいた。

資料5　中国共産党第十九期一中全会で決定された政治局員二五名

(一)　党中央委員会政治局常務委員（七名）

1. 習近平（六四）　総書記、国家主席、党中央軍事委主席（再任）
2. 李克強（六二）　国務院総理（再任）
3. 栗戦書（六七）　党中央弁公庁主任
4. 汪　洋（六二）　国務院副総理
5. 王滬寧（六二）　党中央政策研究室主任
6. 趙楽際（六〇）　党組織部長
7. 韓　正（六三）　上海市党書記

(二)　党中央委員会政治局員（一八名）（名前の後の＊印は〝習派〟）

1. 丁薛祥（五五）＊党中央弁公庁副主任
2. 王　晨（六六）　全人代常務委副委員長
3. 劉　鶴（六五）＊党中央財政経済指導小組弁公庁主任

4. 許其亮（六七）＊党中央軍事委副主席（再任）
5. 孫春蘭（六七）党統一戦線工作部長（再任・女性）
6. 李　希（六一）＊遼寧省党委書記
7. 李　強（五八）＊江蘇省党委書記
8. 李鴻忠（六一）天津市党委書記
9. 楊潔篪（六七）国務委員
10. 楊暁渡（六四）党中央規律検査委副書記
11. 張又侠（六七）＊党中央軍事委副主席
12. 陳　希（六四）＊党組織部副部長
13. 陳全国（六一）新疆ウイグル自治区党委書記
14. 陳敏爾（五七）＊重慶市党委書記
15. 胡春華（五四）広東省党委書記（再任）
16. 郭声琨（六三）公安部長
17. 黄坤明（六〇）＊党中央宣伝部副部長
18. 蔡　奇（六一）＊北京市党委書記

（注）職務は就任時のもの。政治局員の序列は中国語簡体字の画数順による。

江沢民には一つの噂があった。彼は革命烈士であった叔父の養子とされているが、実父が汪兆銘（字は精衛）が作った親日南京政府の宣伝部長であったという。かかる噂を打ち消すためか、江沢民は強い反日姿勢を中国国民に示しており、日本の侵略戦争をベースとした反日思想を強調する「愛国主義教育実施要項」を制定し、小学校から大学まで「愛国主義教育」と称する反日教育を実施させ、また訪日の際に宮中晩餐会であえて非礼な態度を取ったのも、テレビを介して中国国民に見せるためだったという。

胡錦濤時代も含めた小泉首相の六回にわたる靖国神社参拝は、この愛国運動に大いに利用され、胡錦濤の親日国家に戻したいとの努力も無為に帰してしまった。その後を受け継いだ習近平は、安倍首相の靖国神社参拝もあって、さらに愛国主義教育を強める方針を打ち出しており、現在の日中関係はかつてないほど悪化している。

他方習近平政権にとって、今後の中国経済の発展が重要課題となっており、日本との経済関係の悪化は大いにマイナスになるので、従来発生していた日本の中国進出企業に破壊をもたらす国内暴動を避けたい意向が見受けられる。安倍首相の靖国神社参拝の際には、従来の官製デモを行わず、九月三日の「抗日戦勝日」と一二月一三日の「南京大虐殺の日」を国家記念日に制定したことで公的抗議の意思を示したのはその一貫であろう。またこれは「尖閣諸島」という武器を握った裏付けがあったためとも言える。

かつて孫文は中国人の国民性から「中国人は撒かれた砂であり、決して固まることが出来ない」と評したが、尖閣諸島問題で日本との国際紛争を起こせば、中国国民の愛国心を発揚して、一致団結して強力な行動を起こすことが立証された。今後中国国内で中国共産党の一党独裁維持に大きな影響を及ぼす暴動を含めた国内問題が起こった場合、尖閣諸島を利用して日本との紛争を起こせば、中国国民の愛国心に火を着けて反日行動で一つにまとまり、かかる国内問題など霧散してしまうことを中国共産党政府が認知したことが、非常に重要なポイントとなった。結論として言えることは、共産党政府は一党独裁の政権維持のための「伝家の宝刀」を握ったということである。

習近平の確固たる第二期政権が構築された現在、反日思想を基とした「愛国主義教育実施要項」による教育は一層強化され、日中友好の夢は消滅してしまった。かかる状況下で習近平の第二期政権で予想される対日方針に、日本がいかに対応すべきかとの点について述べることとしたい。

㈠　中国で日本を侵略国家とした「愛国主義教育」が一層徹底される

習近平は既に日本の中国侵略をベースとした「愛国主義教育」をますます強化する指示を出している。かかる状況下、中国国内で働く日本人、特に日本の中国進出企業で働く日本人は、中国人の目から見た日本という国および日中関係を正しく理解するとともに、現地で雇用する中国人従業員は徹底した反日教育を受けていることを理解して、その対応を適切に行う必要がある。

㈡　中国は経済面での日本の協力を非常に必要としている

習近平第二期政権の大きな課題は経済の立て直しにある。中国政府は政治面では、「愛国運動」と称する反日教育を推進しているが、経済面では日本の協力を大いに必要としており、二〇一七年ハンブルクのG20首脳会談で安倍首相の「一帯一路へ協力する」との発言に対して、習近平が歓迎の意を表した所以もここにある。

今後は、安倍首相あるいはその後の日本首相が靖国神社参拝を行わない限り、官製デモを含めた反日運動を起こす可能性は少ない。「反日教育」を徹底された中国人従業員にとって、日本企業で働くのは中国人として心理的にいささか後ろめたい気持ちがあることを理解し、その上で日本の中国進出企業は中国経済に寄与している立派な会社であることを認識させ、非常に働きやすい職場を作って、定年までこの会社で働きたいと、自分の職場を自分達で守らねばならないとの気持ちを持たせるように、職場環境を整えることが肝要である。

(三) 今や日本は中国の傘の下に入らない限り日中友好は期待できない

習近平が総書記に就任した直後の二〇一三年初めの朝日新聞の取材に対して、清華大学国際関係研究院の閻学通院長が、習近平が政治目標とした「中華民族の偉大な復興」とは、中国の世界的地位の回復である、今後米中の競争と衝突は不可避であり、世界は米中の二極体制になると予想し、その際に今後の日中関係について、日本は中国を対等な競争相手と見る態度を改めねばならず、日本がアジア諸国の中の一国であると定義すれば、中国はそのように対応していく、と述べた。

日本の新聞社の取材なので、いささか曖昧な発言となっているが、彼が率直に言いたかったことは、世界が米中二極体制となった時点で、日本がアジアの一国として中国の傘下に入れば、尖閣諸島を含めた日中間の諸問題について、新しい原則を作って日中友好関係の維持を保証するが、もし現在のまま米国に依存する体制を維持するのであれば、中国は軍事力を含めて徹底的に日本に対抗する措置を取るであろうということであった。過去五年の習近平第一期政権の成果および第二期政権の体制を見ると、閻学通院長の予想は正鵠《せいこく》を得たもので、彼が述べた方向へ着々と進んでいるように見られる。

ちなみに二〇一三年（平成二四年）一〇月に訪中した福田康夫元首相に対して、当時の唐家璇外相が、「日本はアジアにつくのか、欧米につくのか、態度を明確にして欲しい」と述べたという。既にGDPで日本を凌駕《りょうが》して、アジア第一の大国となった中国であり、この「アジアにつく」という発言は、当然「中国の傘下に入る」ことを意味している。

(四) 日本に課されたアジアの大国となる中国への対応

現在の中国の展開を見ていると、一五～二〇年後には、中国が航空母艦数隻と原子力潜水艦を整え、GDPではアメリカと並ぶ経済大国となることが予想され、太平洋を挟んで米中二極体制となる可能性が十分に存在している。もちろんロシアの存在を看過できないが、プーチン体制以降の問題があり、今現在では判断が難しい。

今後のアメリカの出方次第であるが、日中安保条約が存続している現在、そして米軍基地を日本国内に持っている現在、日本がアメリカの傘の下から外れることはないと判断するので、日本は中国の傘の下には入らないとの前提で今後の中国への対応を考えるべきであろう。

第一に言えることは、靖国神社がA級戦犯一四名を合祀してしまったので、少なくとも日本を代表する天皇陛下ならびに首相、副首相および官房長官を含めた政府首脳、衆参両議院議長は、靖国神社の公式参拝を行わないことである。「勝てば官軍、負ければ賊軍」であり、理由の是非に関係なく、日本は敗戦国として昭和天皇が戦争責任を負わないことを条件として極東国際軍事裁判の結果を受け入れ、サンフランシスコ講和条約でその正当性を認めた以上、これを勝者から指摘された際は、国際的義務として守る必要がある。

天皇陛下は昭和天皇も今上天皇も靖国神社参拝をされていない。となれば首相以下が公式参拝を行わない限り、中国は公的抗議を行うことは出来ない。残された反日政策となる武器は「尖閣諸島」のみである。中国は台湾、チベット、新疆ウイグル自治区とあわせ、尖閣諸島を「中国の核心的利益」とした。

問題は中国共産党一党独裁を揺るがすような国内問題が起こった時、それが全国的な民主化運動であるか、あるいは共産党政権に不満を持った全国的暴動であるかは不明だが、かかる問題が起こった時に、中国人の愛国心を喚起して国内を一致団結させる「伝家の宝刀」として使えるのは「尖閣諸島」のみである。

当然中国共産党幹部はかかる事態を想定しているので、今後とも民間の海警局船による尖閣諸島海域への侵犯を再三起こすであろうが、日本の中国進出企業の安否を考えた場合、日本も海上警察の対応で済ませればよい。

問題は中国海軍が大挙して真正面から尖閣諸島を侵犯した場合で、その場合のみは真剣に対応する必要がある。台湾を中国の主権下に回収して西太平洋へ出る、米中二大国対立を目指してのものなら、アメリカと共同して対応すべきであろう。

しかし、中国国内で共産党一党独裁の存続を揺るがす状況下での侵犯なら、中国国民の愛国心を発揚し、国民の目を外に反らせる手段なので、あえてその挑発に乗る必要はなく、中国共産党の崩壊を見守っていればよい。今後三〇年から五〇年後に到来するであろう、将来の日本人の為政者に判断が求められる大きな問題である。善処を期待したい。

終章

本書は、第九章までを事前にまとめ、第十章から十二章までを二〇一七年一〇月の中国共産党第十九期党大会および大会後の中央委員会第一回全体会議（一中全会）開催後に書き上げたものである。

これで習近平政権は一応万全の体制を作れたと判断され、習近平総書記は中央テレビにおける年末の国民へ向けた新年のメッセージで、外交面では「責任ある大国として国連の権威と地位を断固として守り、果たすべき国際的な義務と責任を積極的に履行する」と述べるとともに、経済面では「二〇一八年は改革開放四〇周年にあたり、これを契機に改革を最後まで進める」と強調した。これによって中国は米ロに並ぶ大国となったことを強く国民へ印象付け、あわせて中国経済の立て直しと発展が重要課題であることを表明した。

今後五年間の習近平第二期政権が経済改革と発展を果たすためには、日本との経済協力が不可欠であり、二〇一七年一一月のベトナム・ダナンでの日中首脳会談では、習総書記は安倍首相を笑顔で迎え、席上で安倍首相が「一帯一路」の中での積極的協力を約束したので、その後の日中関係は順調に推移している。

南京事件八〇年目の二〇一七年一二月一三日の追悼式典で習近平があえて演説を行わなかったこと、ならびに自民党二階俊博・公明党井上義久両幹事長の訪中団を歓迎し、二八日に人民大会堂で習近平との会談が実現したことはその表れと言える。この訪中団の成果を踏まえて自民党の菅義偉官房長官は「日中関係改善を本気でやる」と表明したが、これには中国側の国内事情を正しく理解した上で行うことが必要であり、今後日本が政治的問題を起こさないことが前提条件となる。

この政治的問題とは「日本政府首脳の靖国神社参拝」と「尖閣諸島対応」であることは論をまたない。

靖国神社は、その設立の経緯はともあれ、第二次世界大戦で日本国のために戦死された兵士をお祀りしており、日本人として敬意の念を以ってお参りするのは当然であり、筆者もその一人として、現在も近くへ行った際は必ず参拝をしている。日本の政府首脳の靖国神社参拝に公的抗議をしているのは中国であるが、その中国も一般の日本国民の参拝には何ら抗議をしていない。日本人はその理由を考慮すべきであろう。中国が公的抗議をする問題の原点は一九七八年一〇月に合祀された一四名のA級戦犯であった。

毛沢東主席は一九七二年に日本との国交正常化を図るにあたり、日本の立場を考慮して「二分論」を作り、中国侵略戦争を行ったのは「一部軍閥」であり、戦争の犠牲者である現在の日本国民から戦争賠償金など取れないとして中国国民を納得させた。

一九八五年八月一五日の終戦記念日に中曽根首相が「愛国者をお祀りしている靖国神社を参拝するのは日本首相の義務」とあえて事前に公表して参拝したのは、A級戦犯合祀後の一〇回目の参拝の時であった。これを日本のメディアが大々的に取り上げたため、中曽根首相の靖国神社参拝に対して国家主席、総書記、顧問委主席、全人代主席という中国政府の重鎮が揃って初めて公的抗議を行い、あわせて中国侵略戦争を行った「一部軍閥」を「靖国神社に合祀されたA級戦犯」と具体化してしまった。

中国共産党および政府首脳としては、中国侵略戦争の責任者であるA級戦犯が合祀されている靖国神社に日本政府首脳に公的な参拝をされるのは、過去に「二分論」を作って戦争賠償金を取らずに日本との国交正常化を行ったことに対する中国国民への面子の失墜であり、公的抗議をせざるを得ない中国側の事情を理解する必要がある。

中曽根首相は外務省および駐中国日本大使からの連絡でその点を十分に理解されたのであろう。「他国の方が不愉快に感じるなら靖国神社参拝は取り止める」とあえて政治的問題とせず、無難な理由を述べてそれ以降の参拝を止められた。日本政府首脳の靖国神社参拝に対する抗議は、中国政府の立場としては、中国国民に対する面子上の問題であり、日本の内政干渉ではないことを理解する必要がある。

その後橋本首相が一回、小泉首相は何と六回も参拝を行ったため、これが江沢民総書記が共産党一党独裁を維持するために発動した「愛国主義教育実施要綱」に大いに利用され、中国国民への反日教育が徹底されてしまった。安倍首相の二〇一三年一二月の靖国神社参拝については、中国の公的抗議のみならずアメリカの国務省および駐日アメリカ大使館から「失望した」と表明されてしまった。「失望」とは広辞苑によれば「がっかりすること」とあり、要はアメリカ政府としては大いに期待していたのに、この程度の人材であったかとの表現と見られる。安倍首相がサンフランシスコ講和条約で日本が「極東国際軍事裁判」を是認した歴史的事実を正しく認識していないことに失望したのかもしれない。

尖閣諸島については、一九七〇年に台湾（当時は中華民国）が、一九七一年に中国が自国領土と表明し、さらに中国は一九九二年二月に「中国領海および隣接区法」を制定して、尖閣諸島を中国領土として法的に認定すると共に、二〇一三年に「中国の核心的利益」と表明した。かかる情況下で今や日中間で本領土問題を交渉で解決する余地は全く残されていない。現在尖閣諸島は日本が実効支配し、中国はそれを静観しているが、それは将来もし中国共産党一党独裁に対して中国国内で不満や暴動が発生した場合に、尖閣諸島で問題を起こすことによって中国国民の愛国心を喚起し、国内を一つにまとめるための最大の武器として残していることを認識すべきであろう。

現在習近平政権は江沢民の「愛国主義教育実施要綱」をベースとした「反日教育」を一段と強化しており、中国へ進出した日本企業は徹底的な反日教育を受けた従業員を雇用していることを忘れてはならない。習近平第二期政権は経済改革と発展が最大課題である。繰り返しにはなるが、菅官房長官は「日中関係改善を本気でやる」と表明したが、これはあくまでも日本が靖国神社と尖閣諸島で政治的問題を起こさないことが前提条件であることを理解して、日中友好並びに日中経済関係の強化に努力して頂きたいと願っている。

最後の本書の出版にご尽力を頂いた花伝社の平田勝社長並びに日中学院の片寄浩紀学院長に深甚の謝意を表して擱筆《かくひつ》する。

久佐賀　義光

久佐賀義光（くさか・よしみつ）
1932年生まれ。1955年、東京外国語大学中国語科卒業。
三井物産株式会社初代中国総代表、ハリマ化成株式会社取締役海外部長、LEC東京リーガルマインド大学総合キャリア学部教授、クイック・ロック・ジャパン株式会社顧問、高井伸夫法律事務所顧問を経て、現在、弁護士法人ブリッジルーツ中国担当顧問、NPO法人国際社会貢献センターで留学生の日本語教師を務める。

習近平政権と今後の日中関係——日本の対応が利用されている現実

2018年2月20日　初版第1刷発行

著者 ——久佐賀義光
発行者 —平田　勝
発行 ——花伝社
発売 ——共栄書房
〒101-0065　東京都千代田区西神田2-5-11出版輸送ビル2F
電話　03-3263-3813
FAX　03-3239-8272
E-mail　info@kadensha.net
URL　http://www.kadensha.net
振替 ——00140-6-59661
装幀 ——佐々木正見
印刷・製本— 中央精版印刷株式会社

ISBN978-4-7634-0844-0 C0036